La montaña de 7 colores

MÓNICA VICENTE

La montaña de 7 colores

Asciende a tu mejor versión

Grijalbo

Papel certificado por el Forest Stewardship Council®

Primera edición: julio de 2022

Printed in Spain — Impreso en España

ISBN: 978-84-253-6029-9
Depósito legal: B-7.582-2022

Compuesto en Pleca Digital, S. L. U.

Impreso en Romanyà Valls, S. A.
Capellades (Barcelona)

GR 6 0 2 9 A

A ti, que aún no sabes que todo es posible

Índice

Prólogo

Gracias, gracias, gracias, Mónica. Gracias por ser, por compartir y por inspirar. Gracias por todo.

Y gracias a ti también, querido lector, que estás observando las palabras que surgen en este libro en el que todo y todos estamos incluidos. No solo la intuición sino también la certeza nos dicen que, a través de sus palabras, se van a dar muchas tomas de conciencia, revelaciones y comprensiones. Su lectura se disfruta con cada metáfora, con cada parábola, con cada invitación suave y sutil a la vez que firme y clara a ir, como suele decirse, hacia dentro.

Es maravilloso poner al servicio de los demás los dones que se nos prestan, como son, en el caso de Mónica Vicente, el escribir y comunicar de manera sencilla. Este libro apunta hacia la verdad universal eterna, que, por supuesto, incluye todos los diferentes grados de verdad en la llamada experiencia humana y en la evolución de la conciencia. Todo aparente opuesto a la verdad, al amor, se disuelve sin destruirse en algo mayor, como el terrón de azúcar en el vaso de agua al ser agitado.

A través de la lectura de este libro aparecerá la agitación, aceptando de manera incondicional la sensación de soltar y dejar ir las resistencias al momento presente observando cómo todo sufrimiento se desvanece y experimentando desde la más pura y radical subjetividad el hecho de que todo miedo es ilusión.

Para los que disfrutamos de las enseñanzas del doctor David R. Hawkins y que, además, nos dedicamos a la autoindagación e investigación continua de la ciencia clínica conocida como kinesiología, *La montaña de 7 colores* es realmente un deleite y una alegría. Dentro del mapa o escala de la conciencia que, a través del doctor Hawkins, llegó a la humanidad, este libro da una respuesta fuerte con un nivel de energía, poder y verdad alto que inspira e inspirará, silenciosa, consciente e inconscientemente, a millones de personas.

Más allá de toda ilusión de separación y dualidad, somos uno, como se recuerda en este libro; somos la unidad que incluye y ama cualquier aparente parte, singularidad o individualidad; somos un campo infinito y eterno de conciencia consciente de amor que se revela como nuestro verdadero yo, más allá de todo comienzo y todo final.

Gracias a la fuente de todo —no importa demasiado qué nombre le demos— por la existencia misma. Y gracias también a los que, como nos cuenta Mónica, subieron la montaña y dejaron su rastro para que nuestras conciencias se sientan dispuestas a permitir la evolución y el ascenso a la cima de esta montaña que somos. Gracias.

Gloria in excelsis Deo.

RÓMULO TAGLIAVACCHE ANDREU

Nota de la autora

Salir del garaje donde me había olvidado de mí misma durante tantos años para descubrir, una vez fuera, que era un Ferrari, fue solo el primer paso de mi nuevo camino. Un camino en el que ya no trataba de conocerme sino de inventarme, porque, una vez libre de cargas y expectativas (propias y ajenas), podía ser y hacer lo que yo quisiera. Si algo bueno tiene que tu vida se desmorone es que debes reconstruirla desde cero, desde los cimientos, eligiendo absolutamente todo de nuevo.

Y ahí estaba el dilema. Fuera del garaje todos los caminos me parecían posibles, ¡incluso los que aún no estaban trazados! ¿Qué debía elegir? ¿Cómo deseaba que fuera mi nueva vida? ¿Cómo quería ser yo? ¿Existía eso llamado «propósito vital»? Cuando pensaba que tenía las cosas claras y todo iba a ser fácil, me sentí de nuevo confusa: sabía qué no quería, pero no qué quería. Seguro que alguna vez, querido lector, te has sentido así: una separación, un despido, una pérdida... son oportunidades para hacer las cosas de otra manera tomando, quizá, mejores decisiones. Pero ¿cuáles? ¿Por qué todo es siempre tan complicado?

Intentando arrojar algo de luz a mi vida comencé a devorar libros, vídeos, conferencias y, en definitiva, cualquier tipo de contenido relacionado con el crecimiento personal; tenía la esperanza de encontrar alguna pista que me ayudara a saber qué debía hacer, qué camino debía tomar o en quién me debía convertir. Y, curiosamente, lo que captó mi interés en la búsqueda de respuestas fue la física cuántica y su relación con la espiritualidad. Ya, yo tampoco lo habría relacionado nunca... :)

Según las leyes cuánticas, todas las realidades son subjetivas y posibles, y solo se colapsa o manifiesta aquella que observamos con total atención. Es decir, el observador elige qué realidad se hace real, valga la redundancia.

¿No es genial?

Debía definir mi vida ideal y mirarla atentamente para que se materializara, pero... ¿cómo iba a mirar una realidad que aún no veía? ¿Me valdrían los mismos ojos con los que había visto las cosas hasta ese momento o necesitaba mirar de otra manera?

Cuanto más aprendía, más confuso se volvía todo. ¿Cómo podía ser?

Sin embargo, sin que fuera consciente de ello, ya se estaban produciendo en mí cambios y ya debía de estar yo mirando en la dirección adecuada, porque, inesperadamente, mientras buscaba otra cosa, apareció en mi vida Virginia como la más causal, que no casual, serendipia. Virginia me recomendó que leyera al doctor David R. Hawkins cuando le mostré mi interés por la kinesiología, disciplina de la que yo no sabía nada pero de la que ella hablaba continuamente.

Fue entonces, al adentrarme en sus enseñanzas y en las de Deepak Chopra, Richard Barrett, Joe Dispenza y muchos otros, cuando aprendí a mirar de la manera adecuada fuera y, sobre todo, dentro de mí. Hablaban de escalas de vibración y niveles de conciencia, de leyes espirituales y chakras, de un camino de liberación y desapego a través de la práctica del «dejar ir». Hablaban de visualizar la realidad deseada como si ya existiera, agradeciéndola y disfrutándola para que, inevitablemente, el universo confabulara para hacerla tangible. Hablaban de «ser», no de «hacer», para atraer lo que quieres, para alcanzar tu mejor versión sin dejarte engatusar por tu ego.

Cuando puse en práctica todo eso y vi que a mi alrededor empezaban a ocurrir cosas maravillosas, que en mi vida se daban sincronías y fenómenos aparentemente inexplicables, y que en el momento justo aparecían las personas y las herramientas indicadas para que mis deseos se hicieran realidad, no podía creerlo. ¡Era magia! Me sentía como el genio de la lámpara...

Desde entonces, mis problemas y preocupaciones han dejado de serlo y han dado paso a una felicidad y una plenitud que no había conocido antes, porque sé que puedo cambiar cualquier cosa cuando quiera y como quiera, ¡yo decido mi realidad! ¿No es fantástico? Imagínate siendo el guionista de tu vida y pudiendo alterar el rumbo de los acontecimientos cuando te plazca haciendo, simplemente, que las cosas ocurran; o piensa cómo te sentirías siendo el arquitecto de tu realidad, diseñando los planos a tu gusto y siendo testigo de cómo cobran vida delante de tus ojos...

¿Te gustaría tener un poder así? ¿Quieres saber cómo conseguirlo?

Te invito a conocer las respuestas de la mano de Brianne, la protagonista de este libro, en un nuevo camino de descubrimiento, liberación y desapego. Con ella aprenderás las siete leyes espirituales, conquistarás los siete niveles de conciencia y alinearás tus siete chakras hasta llegar a la cima de la montaña de siete colores en un ascenso en espiral hacia ti mismo, hacia lo eterno, hacia lo universal y verdadero para llegar allí donde el cielo y la tierra se unen.

Y será allí, en la cima, donde se rompe el binomio espacio/tiempo y se disuelve cualquier tipo de dualidad, donde por fin encontrarás las respuestas y tu poder.

NOTA: El objetivo de este libro es mejorar la visión que tienes de ti mismo, del mundo y de los demás. Por eso te invito a realizar el test que te planteo al final del libro antes de leerlo y justo después, para comprobar en qué medida ha cambiado tu cosmovisión después de su lectura.

ORIGINIA

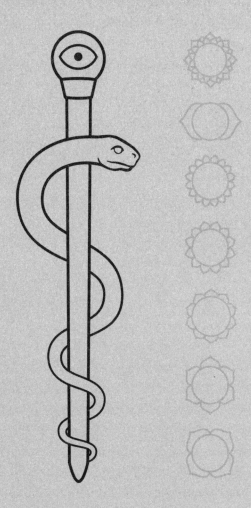

1

El viaje

La mochila resultó ser más grande de lo que Brianne pensaba y logró meter en ella todo lo que quizá podría necesitar. Aunque, bien mirado, no era mucho. ¿Sería que por fin había conseguido necesitar menos cosas? En su último viaje, hacía apenas un año, había aprendido que para llegar lejos debía viajar ligera. El pequeño maletero de su Ferrari no le había permitido cargar con pesos innecesarios que, sin duda, habrían ralentizado su marcha.

Ese primer viaje en solitario fue el inicio de grandes cambios en su vida, y ahora se disponía a realizar el segundo, esta vez a pie, razón de más para dejar atrás cargas que la hacían sentirse pesada y cansada. Tras su divorcio se había liberado de unos cuantos lastres mentales y emocionales que había soportado durante años. Se había desprendido de kilos de tristeza, resignación y soledad. Al menos eso creía.

Era curioso, pero con menos cosas se sentía más segura y más acompañada que cuando compartía la vida con su exmarido. Había sido un año de grandes cambios desde su separación, pero todos para mejor, no cabía duda. Ya no seguía el dictado de otros. Ya no se sentía obligada a satisfacer las expectativas de nadie. Estaba convencida de que podía ser exactamente quien ella decidiera ser. Y ahora se lo quería permitir.

Fuera del garaje, esa especie de cárcel o escondite frío y lúgubre en el que se había refugiado de manera inconsciente durante tantos años, Brianne empezaba a resplandecer, a brillar con luz propia, y sentía que debía emprender de nuevo un camino en solitario para seguir buscándose. Tenía por delante nada más y nada menos que un par de meses para ella sola. Sí, todos y cada uno de esos sesenta días serían exclusivamente para ella.

Su ahora exmarido, Óscar, había vuelto a priorizar su trabajo por encima de su familia, como era de esperar, y se había mudado a un país al que Brianne, por fin, se había negado a seguirle. De modo que sus hijos, Nicolás, Alexander y Maimie, se habían quedado con ella en Originia, la ciudad donde se crio y donde había decidido instalarse tras la separación para estar cerca de sus padres y de Maya, su hermana gemela. Pensó que a los niños les vendría bien un poco de estabilidad familiar y que ella recuperaría algo del tiempo perdido con ellos, y así había sido. Ahora, durante las vacaciones escolares, Óscar se haría cargo de ellos a tiempo completo en su nueva residencia en el extranjero. Conocer un país y una cultura diferentes era una gran oportunidad para los pequeños; tal vez fueran a algún campamento divertido con otros niños y, desde luego, no les vendría mal estar con su padre.

El caso es que ella tenía esos meses para hacer lo que quisiera. Había pasado muchos años dedicada a cuidar de sus hijos y de Óscar y quería disfrutar de un tiempo consigo misma. Además, se merecía una larga temporada de vacaciones después de un año de tantos cambios y altibajos emocionales. Descansaría, haría ejercicio y, sobre todo, tendría espacio para ver las cosas con perspectiva y averiguar cuál era su propósito en la vida ahora que sabía que no se trataba únicamente de ser madre.

La semana anterior había recogido del buzón un folleto publicitario con la foto de una montaña de colores que había despertado su curiosidad. Se trataba de un lugar muy especial, una montaña, a unos cuantos miles de kilómetros de Originia, donde los visitantes hallaban todas las respuestas que buscaban. Eso, claro está, si conseguías llegar a la cima y plantear tus preguntas al oráculo que se encontraba allí. ¡Un oráculo! ¿De verdad? La idea la entusiasmaba, le parecía de un romanticismo sublime, aunque temía que no fuera más que el producto de una buena campaña de marketing. ¿Cómo iba alguien o algo a predecir tu futuro o dar respuesta a tus inquietudes sin conocerte?

No creía mucho en esas cosas, pero albergaba la esperanza de arrojar algo de luz sobre su futuro durante ese viaje. Había empezado una nueva vida y sabía que podía hacer lo que quisiera, pero... ¿qué quería hacer? ¿Quién quería llegar a ser? Tenía una segunda oportunidad para hacer mejor las cosas, y esta vez no quería meter la pata. Había desperdiciado sus mejores años con alguien a quien no quería, y no se refería a su exmarido, sino a ella misma. Tanto tiempo sin quererse había hecho mella en ella, y estaba decidida a revertir esos daños.

No había comprendido hasta hacía bien poco que era fundamental quererse y respetarse a sí misma para conseguir cualquier cosa que se propusiera, y ya no había tiempo que perder.

Tenía muchísimas ganas de descubrirse, encontrar su propósito y, en definitiva, ¡darse todo aquello que merecía! Así que, aunque un poco precipitado, decidió apuntarse a ese viaje a la montaña. Respiraría aire fresco y, si no llegaba arriba o si el oráculo no era más que un reclamo comercial, se conformaría con contemplar el bucólico paisaje, ¡que era de colores! Al menos eso se deducía de la fotografía del folleto, aunque tenía toda la pinta de ser un excelente trabajo de Photoshop. Por supuesto, también disfrutaría de la gastronomía y de la gente que encontrara por el camino. Viajar era eso, ¿no? Aprender y nutrirse de experiencias. Y eso era justo lo que necesitaba para aclararse, despejarse la mente y averiguar cuál debía ser su nuevo rumbo.

Porque no sería un viaje para empezar de cero. A pesar del divorcio y del cambio drástico de vida, en realidad no había habido un final, ni siquiera un retroceso en el camino. La vida seguía y ella solo había cambiado de rumbo, había hecho una parada para coger impulso, para dar ese salto hacia delante que tanto anhelaba. Al fin y al cabo, para saltar y llegar alto, primero había que agacharse, ¿no? Y si no que se lo dijeran a los saltadores de trampolín: iban hacia abajo y después hacia arriba. Era parte del proceso.

Y así se sentía Brianne, en proceso.

**Su vida era un gerundio, no un participio:
se estaba reinventando, diseñando, creciendo...
Era un suma y sigue, no una sucesión
de puntos finales.**

Haber sacado su Ferrari del garaje donde lo había tenido abandonado fue el punto de inflexión que cambió el sentido de su existencia: de abajo hacia arriba. Había tocado fondo, hizo pie para saltar y ahora solo quería seguir subiendo.

Aún no sabía qué quería hacer, con quién o dónde quería estar, pero sí sabía que esas elecciones le correspondían únicamente a ella; no estaba dispuesta a que otros tomaran ningún tipo de decisión sobre su destino. Bueno, dejaría que el oráculo le diera algunas pistas, claro, ¡para eso era un oráculo! Ojalá le indicara su propósito en la vida..., eso sí que le ayudaría a decidir sin equivocarse.

Al pensar en el oráculo mientras terminaba de empaquetar sus cosas, no pudo evitar echarse a reír. Reía tanto últimamente... ¿Sería como la boca de la verdad de Roma? ¿Como ese gran ojo en medio de un triángulo que había visto en algunas ilustraciones? ¿O sería más bien una persona sabia? Bah, ¡qué bobada! Además, a saber si llegaría a la cima. Subir montañas no era lo suyo, no estaba en forma, y suponía que esa sería bastante empinada y estaría llena de senderos y escalones. En fin, caminar le sentaría bien y encima perdería algunos kilos.

Tenía que viajar hasta allí en avión y después, según había leído, coger un autobús hasta la ladera de la montaña. Sus hijos ya estaban con Óscar, que había ido a recogerlos el día anterior y apenas había mediado palabra con ella. Seguía bastante «ofendido» porque Brianne le hubiera dejado, como si aquello le hubiese pillado por sorpresa. Y eso que él ya tenía nueva pareja y se suponía que era feliz. ¡Si incluso tenían planes de boda! En realidad, a Brianne eso no la había sorprendido en absoluto, al contrario, le había confirmado que debería haberse separado de él mucho antes.

Su vuelo salía a las diez de la noche, con lo que dormiría en el avión y llegaría a su destino al día siguiente. De las ocho semanas que tenía, dispondría de siete para estar en la montaña, ya que necesitaría un día para la ida, otro para la vuelta, perdería otro por el cambio de horario y emplearía otros cuatro en ir a buscar a los niños a casa de Óscar, volver y organizar la casa y la compra antes del regreso al colegio.

Pero siete semanas seguían pareciéndole una barbaridad. Nunca se había tomado un tiempo de descanso tan largo, pero un cambio de aires le sentaría bien; además, necesitaba estar sola de nuevo. Desde que se mudó a Originia, había intentado recuperar el tiempo perdido con sus padres, su hermana y sus amigos de la infancia, había hecho nuevos amigos y empezaba a tener una vida social bastante ajetreada. Entre eso y el trabajo a media jornada que había conseguido cerca de casa, no había tenido mucho tiempo para reflexionar.

Ese día desayunó en casa de sus padres para despedirse y pasar un rato agradable juntos, aunque finalmente no resultó tan placentero como habría deseado.

—Pero, hija, ¿de verdad vas a ir sola? ¿Tan lejos? ¿Y tanto tiempo?

—A ver, es un sitio turístico, mamá, no estaré sola.

—Brianne, piénsalo bien, es un lugar desconocido, no sabes lo que te puede pasar. ¿Y si te pierdes? ¿Y si te roban? ¿Y si te pasa algo o te pones enferma?

—Pero, papá..., todo eso aún no ha ocurrido y lo más probable es que no ocurra. ¿De verdad me voy a preocupar por algo que no es real?

—Hija, nunca se sabe, toda precaución es poca, que luego pasa lo que pasa.

—Si no voy, sí que no va a pasar nada, mamá. Ni bueno ni malo. Nada de nada. Bueno, pasará la vida delante de mis narices sin que yo me entere. Y no quiero eso.

Brianne suspiró. Ellos siempre con sus miedos y sus preocupaciones, viendo solo el lado negativo de las cosas y dejando que eso eclipsara todo lo bueno. Y así la habían criado, con miedos, dudas, afán de control y mucha mucha planificación. Esas eran las cargas que más le estaba costando soltar, esa educación conservadora y sobreprotectora que había recibido desde niña. Intentaba no traspasarla a sus hijos porque había comprobado en sus propias carnes que esas preocupaciones absurdas e innecesarias solo la alejaban de todo aquello que anhelaba. Pero no era fácil. Intentaba cambiar tratando de tomar decisiones no por inercia y desde el miedo sino desde el amor: el amor por la vida. Su nuevo yo no iba a permitir que esos «ysis» le impidieran hacer lo que quisiera, conocer gente nueva y explorar lugares desconocidos.

—Hija, tú verás. Pero ten cuidado y llámanos cuando llegues. No estaremos tranquilos hasta que vuelvas. Y si te pasa algo, no digas que no te lo advertimos.

Encima eso, la culpabilidad, los reproches, las advertencias... Pero Brianne ya no mordía el anzuelo, no se iba a
sentir culpable por algo que no había hecho ni por algo
que iba a hacer. Las decisiones eran suyas y de nadie más;
tenía todo el derecho a elegir su propia vida, ni siquiera sus
padres podían impedirlo. ¿Acaso les pertenecía? Le apetecía fluir, dejar que las cosas pasaran. Si en el peor de los
casos sucedía algo malo, sería únicamente su responsabilidad, asumiría las consecuencias sin culpar a nadie. Porque
quien no arriesga no gana, y Brianne tenía todas las ganas
del mundo de ganar. Así que suspiró y trató de no alterarse
por los comentarios recriminadores de sus padres.

—Tranquilos, ya veréis como no pasa nada. Y si pasa,
ya me las arreglaré. Tengo cuarenta y un años, no soy una
niña.

—¿Necesitas un préstamo? ¿Tienes suficiente dinero?
Pueden surgir imprevistos, hija.

En realidad, no andaba sobrada. Óscar y ella habían
dividido lo poco que tenían en partes iguales, incluido el
viejo Ferrari. Óscar no quiso venderlo y le compró su parte
a Brianne. Con eso ella iba tirando, ya que su ex se hacía
cargo de la mayor parte de los gastos de los niños. Brianne
se ocupaba de ellos y no podía asumir un empleo a jornada
completa con el que habría vivido de forma más desahoga-
da. Pero lo necesitaba; sentía que podía dar mucho más de
sí que en aquel trabajo a media jornada que había aceptado
porque le permitía conciliar su empleo con la vida escolar
de sus hijos.

Y esa era una de las respuestas que quería encontrar.
¿A qué quería dedicarse en realidad? ¿Tenía algún tipo

de vocación que aún no había descubierto? ¿Debía priorizar el dinero, y así vivir con mayor holgura, o la satisfacción personal? Decidió ocultar esas dudas a sus padres y no ser del todo sincera en cuanto al dinero para no preocuparles.

—Tengo de sobra, de verdad, todo irá bien. Sé arreglármelas sola.

Con una mirada compasiva, les dio un beso y un abrazo y regresó a casa para terminar de preparar las cosas para el viaje.

Solo le faltaba comer algo, darse una ducha, imprimir el billete de avión e ir hacia el aeropuerto. Se dio cuenta de que aún prefería llevar todo en papel, por si el móvil se quedaba sin batería y no tenía acceso a la tarjeta de embarque. Pensó que deshacerse de todos esos «ysis» que había mamado no iba a ser tan fácil y sonrió con ternura. «Es parte del camino», pensó.

Se preparó una ensalada con atún y le añadió semillas. Desde que no tenía a Óscar vigilando lo que comía, se alimentaba mejor, se preparaba cosas más sanas, no se sentía culpable y disfrutaba de la comida. No había vuelto a probar las magdalenas, aunque era incapaz de renunciar a las chuches que compartía con sus hijos (o más bien que les robaba).

—Mamá, ¡que son mías!

—Bueno, lo mío es tuyo, así que lo tuyo también es mío, ¿no? Además, ¿quién las ha pagado?

¡Cuánto los iba a echar de menos esas semanas! Se reía con ellos como nunca.

Sin Óscar no se sentía juzgada todo el tiempo, no se

sentía culpable por cada cosa que hacía o decía. Cuanto más tiempo pasaba desde su separación, más cuenta se daba de lo infeliz que había sido en su relación. Tenía más conciencia de sí misma y se consentía más, se mimaba, se perdonaba y se daba ánimos, pero aún le quedaba mucho camino por recorrer. Sin duda, una parte importante de ese camino comenzaría esa misma noche.

2

El programa

Brianne se presentó más de tres horas antes en el aeropuerto. No tenía claro si por las ganas de hacer el viaje o por el miedo a perder el avión.

Ahora se daba cuenta de esos lastres que aún acarreaba, esos miedos e inseguridades que por fin hacía conscientes.

Para corregir algo, primero tenía que ver el error, y en ese sentido había dado un gran paso. Ya no se reprochaba tanto las cosas, había aprendido a ser más indulgente con ella misma, a tener paciencia y quererse un poco más. Y eso solo le estaba aportando cosas buenas.

El mostrador de facturación aún no estaba abierto, de modo que esperó de pie en la cola. Prefirió no sentarse, iba a pasar muchas horas sentada en el avión y quería tener las piernas estiradas el mayor tiempo posible. Delante de ella, un par de chicos jóvenes que, a tenor de la conversación, parecían informáticos o programadores, discutían sobre algo.

—¡Que no! Hay que reescribir el código fuente, ¡no tengo ninguna duda! Con el que hay ahora no vamos a conseguir nada diferente de lo que ya tenemos, y eso no nos vale. ¿No ves que con esa programación los resultados serán iguales? El software siempre llegará a la misma solución, ¡está diseñado para eso!

—¡Uf! Ya, pero será muy costoso y llevará mucho tiempo. Lo sabes, ¿verdad?

—Claro, nadie ha dicho que vaya a ser sencillo ni rápido, pero es la única manera si queremos avanzar. Con las premisas actuales estamos estancados, ¡no salimos del bucle! Cometemos los mismos errores una y otra vez. ¿Eso no es aún más costoso? Necesitamos soluciones innovadoras, maneras diferentes de hacer las cosas para adaptarnos a las nuevas circunstancias. Ese software se ha quedado obsoleto, ¿no lo ves?

—Sí, tienes razón. Y cuanto antes empecemos mejor. Convocaré una reunión urgente con el equipo.

Por algún motivo, Brianne se sintió parte de la conversación. Se identificó con ese software predeterminado que, ante las mismas circunstancias y durante mucho tiempo, había reaccionado igual una y otra vez. No quería seguir así.

Necesitaba dictar sus propias instrucciones, cambiar esa programación que otros habían instalado en ella: su familia, su cultura, su educación...

Su vida era el resultado de las decisiones que había tomado a partir de esas reglas de conducta preinstaladas de serie en su mente, su cuerpo y su corazón. Mientras siguiera los mismos patrones, obtendría los mismos resultados. No iba a ser fácil cambiar eso, como bien había dicho el programador, pero merecería la pena porque, sin duda, le conduciría a su destino, ese para el cual había sido creada, ¡su propósito vital!

En ese momento se acordó de Maya, su hermana gemela. Era una versión diferente de ella misma. Habían nacido en las mismas circunstancias, pero Maya se las había arreglado para reprogramarse a su gusto y disfrutaba de la vida. De hecho, no había podido despedirse de ella porque estaba de viaje con su nueva pareja. La tercera en el último año. ¡Se la veía siempre tan feliz! Decidió mandarle un mensaje.

> Maya, ya me voy. Qué tal todo por ahí?
> Living la vida loca? ✓✓

Maya no tardó en contestar, seguramente la había pillado en algún descanso de lo que fuera que estuviera haciendo.

> Claro, amore! Un tiempo estupendo y la comida riquísima

> Me alegro! Recuerda que estaré fuera siete
> semanas y en un huso horario diferente ✓✓

> Sí, sí. Vaya aventura, Bri! Estoy muy orgullosa de ti...

Maya era tan diferente de Brianne y de sus padres... Parecía mentira que fueran gemelas. Era tan libre, tan espontánea, tan vital siempre. Sin duda había sido un gran apoyo para ella tras su separación

> Bueno, pues cuídate, y dale un abrazo de mi parte a... Oliver? ✓✓

> Jajaja! Nooo, ese era el anterior. Ahora estoy con Esteban

> Pues un abrazo a Esteban, ya me lo presentarás si sigues con él cuando vuelva, jajaja! ✓✓

> Nunca se sabe, Bri, es mucho tiempo! Yo disfruto del momento, dure lo que dure

> Ya lo sé y te admiro por ello, Maya, yo debería hacer lo mismo. A ver si en este viaje me reseteo ✓✓

> Eso es, te hace falta una reprogramación total! Verás qué bien te va!

Brianne sonrió, ¡justo!

> Gracias, bella, seguro que no soy la misma al volver. De eso se trata! ✓✓

> Vale, Bri. Nos vemos a la vuelta. Disfruta!!!

Ni un «ten cuidado», un «abrígate» o un «llámame cuando llegues». Solo un «¡disfruta!». Maya era tan especial y reconfortante, y su programación era tan diferente a la suya... ¿Cómo lo había conseguido si las habían criado igual?

En ese momento vio que por fin abrían el mostrador de facturación. Brianne era de las primeras de la fila, solo los programadores iban delante de ella, y llevaban un montón de equipaje. A su lado, su mochila parecía insignificante, ¡y eso que era para siete semanas! Confiaba en encontrar lavanderías o en comprar camisetas baratas en los pueblos de la montaña para ir cambiándose. Ese pensamiento habría sido imposible tiempo atrás. Para un viaje tan largo habría calculado todas las combinaciones de ropa posibles para cada uno de los días, y quizá repetiría algún pantalón y llevaría jabón para lavar en los hoteles. Pero en este viaje no, y se sintió orgullosa de haber empezado a cambiar el chip. Había decidido optar por la improvisación, abandonar el control y la planificación exhaustiva a la que estaba acostumbrada y exponerse a los imprevistos del camino. Ya no le daba miedo no ser capaz de solucionarlos ella sola, ¡al contrario!

Era su turno. No solo en el mostrador, sino en la vida en general. Ahora le tocaba vivir a ella. Estaba tan ilusionada...

—Zona A, puerta 77, señora. El vuelo está en hora. ¡Buen viaje!

—Seguro que sí, ¡muchas gracias!

Qué bien, ¡el número 77! Consideró que era una buena señal. No era supersticiosa, pero el siete era su número favorito, y también el de su hermana. Y los dos sietes le hacían pensar en su relación con Maya.

Una vez en el avión se puso cómoda. Bueno, todo lo cómoda que pudo teniendo en cuenta el poco espacio que había en clase turista. No obstante, el asiento era reclinable y la gente de al lado parecía agradable. En otros tiempos habría viajado en clase ejecutiva, antes de... En fin, eso formaba parte del pasado. Recordó el accidente que había tenido con el Ferrari por mirar atrás en vez de fijar la atención en lo que tenía delante, que es lo que de verdad importa. Así que reclinó el asiento, se quitó los zapatos y se cubrió con la mantita que habían dejado en su asiento.

El vuelo transcurrió sin incidentes y durmió bastantes horas. Antes de que se diera cuenta estaba en el aeropuerto de destino. Como no tenía que recoger equipaje (otra ventaja de llevar solo una mochila), se fue directamente a la estación de autobuses a buscar uno que la llevara a la montaña.

¡Uf! Otra cola. Había mucha gente esperando el mismo autobús. Personas de diferentes edades y nacionalidades, algunos solos, otros en pareja, otros en familia o con amigos. Brianne no sabía dónde se compraban los billetes y no veía a ningún encargado, de modo que preguntó a la pareja que tenía delante en la cola.

—Disculpen, ¿dónde se compran los billetes para la montaña?

—¿La montaña de siete colores? No hace falta billete, el traslado es gratuito.

—¿Gratis? ¿De verdad? ¿Están seguros?

—A nosotros no nos han cobrado nada, ¿verdad, Teodora?

Le extrañaba que no hubiera que pagar por el traslado en autobús. Ya apenas había nada gratis, pensó que seguro que ahí había truco. Como solía decirle su padre: «Nada es gratis, hija; si no te cobran por un lado, te cobran por otro» o «Si no pagas antes, pagas después». La mujer, Teodora, se apresuró a contestar.

—Gratis total. ¡Me encanta! Bastante vamos a gastar en restaurantes y souvenirs, ¡seguro que se aprovechan por ser un sitio turístico! Pero las fotos que nos haremos para presumir delante de los amigos y la familia serán fabulosas. ¡Menudas vistas tiene que haber ahí arriba!

Subieron al autobús, que resultó ser un microbús en el que solo cabían catorce personas y además apretujadas. Brianne se dijo que quizá por eso no se atrevían a cobrar por el viaje... Se sentó al lado de una mujer que iba sola y que no tardó en contarle que era viuda y acababa de perder a su única hija. ¡Pobre mujer!

—Fue en un accidente, ¿sabe? Iba con unos amigos en coche y un conductor ebrio los embistió. Solo falleció mi hija. Pobrecita, pero gracias a Dios los demás se salvaron. ¡Qué manera tan injusta de morir! Solo tenía veintidós años, toda la vida por delante. Quería ser veterinaria, le gustaban tanto los animales...

Brianne no sabía qué decir. Por suerte, a ella la vida no le había arrebatado a nadie; le costaba ponerse en el lugar de aquella mujer e imaginar lo que sería perder un hijo. ¡No quería ni pensarlo! Si les pasara algo a Nico, Álex o

Maimie, no sabía qué haría. Seguro que no tendría ganas de viajar. Ni de comer. Ni de nada de nada.

—Estoy convencida de que la montaña me ayudará. Me ha dicho que se llama Brianne, ¿verdad?

—Sí, pero puede llamarme Bri. Aire fresco, buenas caminatas, bonitos paisajes..., seguro que todo eso la animará, y además tendrá mucho tiempo para reflexionar y despedirse de su hija.

—Sí, eso está muy bien, pero lo que realmente quiero es que el oráculo me diga si mi hija está bien ahí arriba. Solo entonces me quedaré tranquila.

—¿Así que lo del oráculo es verdad? Lo vi en el folleto, pero, vamos, creí que era una leyenda o cosas de marketing.

Un señor que iba delante se giró.

—Se rumorea que es cierto, pero se desconoce si alguien ha completado el recorrido. ¡Todo lo que rodea a la montaña es un misterio!

—Pues yo pienso llegar arriba, ¡vaya si voy a llegar! Cueste lo que cueste. Por mi hija, lo que sea.

—Yo con llegar a la mitad me conformo. Padezco reúma, y como dicen que el aire de la montaña cura todos los males...

—¡Eso dicen! Yo vengo a recuperarme de mis adicciones y mi depresión, ya no sé a quién más acudir.

—Pues a mí la montaña dudo que me devuelva a mi marido. Se ha ido con otra mujer más joven, y no sé cómo afrontar la pérdida.

Uno a uno los pasajeros del autobús se sumaron a la conversación explicando sus razones para ir a la montaña.

Curaciones, sanaciones... ¡Parecían esperar milagros más que otra cosa! Brianne se sintió algo confusa. ¿Acaso la montaña era un lugar de peregrinación como Fátima, por ejemplo, y no se había enterado? Ella no tenía nada que curar o sanar —¡a ver si se había equivocado al elegir sus vacaciones!—, solo quería descubrir su propósito en la vida, así que torció un poco el gesto y siguió escuchando a aquella gente que parecía saber mucho más de la montaña que ella pero no paraba de hacerle preguntas al conductor.

—Yo he oído que cuanto más arriba subes, más enfermedades se curan, ¿es verdad?

—¿Y es cierto que el oráculo tiene todas las respuestas? ¿Absolutamente todas?

—¿Alguien ha conseguido llegar a la cima? ¿Y qué hay de las personas que no han regresado de la montaña? ¿Se sabe algo?

Esa última pregunta no le gustó nada. ¿Cómo que algunas personas no habían regresado? ¿Por voluntad propia o se habían perdido allí como en el Everest? Por alguna razón, el conductor decidió ignorar todas aquellas cuestiones y permanecer callado, salvo para comunicarles que ya habían llegado.

APATHIA

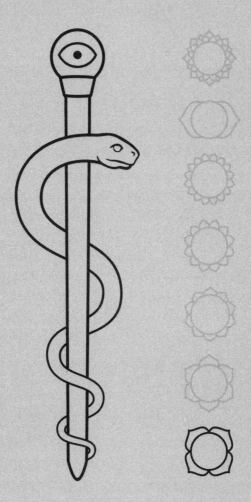

El precio

—Bueno, pues aquí estamos. Ya pueden bajar y dirigir-se a las taquillas. Las encontrarán a su izquierda. ¡Buen camino a todos!

—¿Ha dicho «taquillas»?

—Sí, Teodora. Tranquila, serán para dejar las cosas y recogerlas al salir. No creo que haya que pagar para subir una montaña.

Al bajar del autobús, Brianne se quedó maravillada. La montaña era idéntica a la foto del folleto, de color rojo en la base y violeta en la parte superior, con algunas zonas cubiertas por nubes que parecían de algodón. Preciosa. ¡Y era altísima! No sería fácil llegar hasta el oráculo, pero lo iba a hacer, ¡tenía tantas preguntas que formularle! Seguro que llevaba dinero suficiente para coger un taxi, autobús, funicular o lo que hubiera para llegar a la cima.

Se puso a la cola de la taquilla, que, efectivamente, era para pagar la entrada. Claro, ahora las cosas cuadraban: el autobús era gratis, pero luego cobraban por acceder a la montaña. ¿Acaso las montañas eran propiedad privada? En su cabeza aún resonaban las palabras de su padre advirtiéndole de que todo en la vida tiene un precio, sea el que sea. Aunque tenía cierta lógica: de alguna manera había que pagar el sueldo del conductor, los folletos, la limpieza, el mantenimiento, la gestión de las entradas... La montaña se había convertido en una atracción turística, y eso conllevaba gastos.

Sacó el móvil de la mochila para comprobar cuánta batería le quedaba. Apenas lo había usado desde que salió de casa, así que tenía casi un noventa por ciento, más que suficiente para grabar y hacer fotos para enseñárselas a sus hijos hasta que pudiera recargarlo en el hotel o en algún restaurante durante el día. Lo guardó de nuevo y esperó pacientemente su turno. Vio que la cola avanzaba rápido, y lo comentó con la persona que estaba justo detrás de ella, un chico joven, delgado y bastante alto, que parecía saber el porqué de aquella rapidez.

—Claro que va rápido, ¡la mayoría no entran!

—¿Perdona? ¿Cómo que no entran? ¿Por qué?

—Pues no lo sé, hay mucha gente que al llegar a la taquilla se da media vuelta enfadada, ¿no lo ve?

Brianne se puso de puntillas para intentar atisbar algo que no fuera el cogote de la mujer que tenía delante y, debajo del cartel que indicaba la entrada en la taquilla, vio a la pareja del bus, Teodora y su marido. No paraban de gesticular y gritar al taquillero quejándose por algo que no alcanzaba a oír. Y justo después, tal y como el chico le había dicho, dieron media vuelta y se alejaron en dirección contraria.

—Puede que la entrada sea demasiado cara. Me parece a mí que no venían con esa idea.

Y Brianne tampoco, la verdad. Ni se había planteado que hubiera que pagar para entrar, y mucho menos un precio elevado. En el folleto no decía nada del coste de la entrada, y a ella no le sobraba el dinero para grandes lujos. Iba de mochilera, como si tuviera veinte años, aunque a los veinticinco ya viajaba alojándose en hoteles de primera. ¿Y si había pagado el avión para nada? ¿Y si pagaba la entrada y luego no le llegaba el dinero para subsistir en la montaña porque todo era muy caro? Otra vez los dichosos «ysis». Prefirió no adelantar acontecimientos hasta saber de cuánto dinero se trataba. Había leído en un artículo que el ochenta por ciento de las veces la gente se preocupaba por cosas que ni siquiera llegaban a ocurrir.

Lo decía la propia palabra: «preocuparse» era ocuparse de algo antes de tiempo, ¡ya eran ganas de complicarse la vida!

—En el autobús me dio la sensación de que esa pareja era un poco tacaña, hasta el precio más bajo podría parecerles alto. Quizá no sea para tanto...

—Puede ser, señora, pero también puede ser que no admitan a todo el mundo, tal y como dice el folleto.

¿Cómo? ¿Que después de llegar hasta allí podían negarle el acceso? ¿Aunque estuviera dispuesta a pagar el precio? Abrió el folleto que llevaba en la mochila y, efectivamente, comprobó que abajo del todo, en letra muy pequeña, podía leerse la advertencia:

*Reservado el derecho de admisión

Así, sin más explicaciones. ¡Qué impotencia! Pero Brianne estaba decidida a no dejarse amilanar.

—Bueno, a nosotros aún no nos han negado la entrada.

Había llegado el turno de la mujer que tenía delante, una anciana con una especie de túnica blanca que no había hablado con nadie durante todo ese rato. ¿A qué habría venido? Era muy mayor, ¿cómo pretendía subir hasta arriba? Brianne no pudo escuchar su conversación con el taquillero ni enterarse del precio de la entrada, ya que era obligatorio dejar una distancia prudencial entre visitantes, pero la anciana, incomprensiblemente, no tuvo ningún problema para entrar. Llegado su turno, Brianne se acercó a la taquilla con cero información y con la clara intención de resultarle simpática al taquillero, un hombre de unos sesenta años de pelo blanco (el poco que le quedaba a ambos lados de la cabeza) y una barba bien cuidada. Vestía un uniforme compuesto por un polo de algodón granate y una chaqueta azul marino con botones dorados, y en el pecho llevaba una placa con su nombre grabado: PIOTR. Uy, ¿cómo se pronunciaba eso?

—Buenos días, señora.

—Buenos días... ¿Piotr?

El taquillero asintió con cara de pocos amigos. La cosa no empezaba bien.

—¿Preparada para el ascenso hasta la cima? Si ha venido por curiosidad o para pasear y hacerse fotos como la pareja de hace un rato, ¡mejor no entre! No sobrepasará el kilómetro 200.

¿Por eso no habían entrado? ¿Acaso no se podían hacer fotos en la montaña? ¡De eso tampoco había leído nada en el folleto! Pero lo que la había dejado perpleja eran las distancias. ¿¿¿Doscientos kilómetros???

—¿Cuántos kilómetros hay hasta llegar arriba?

—Setecientos, ni uno más, ni uno menos.

—¡Qué barbaridad! ¿Cómo voy a recorrer setecientos kilómetros? ¡Y de subida!

—A pie. Es la única manera. Y si se queda en la cima el tiempo suficiente, llegará a los mil.

—¿Disculpe? ¿Cómo se pueden recorrer trescientos kilómetros adicionales sin moverse del sitio?

—Yo no he dicho que no vaya a moverse, pero no todos los movimientos son físicos, ni todos los kilómetros son igual de largos.

—Perdone mi escepticismo, pero un kilómetro son exactamente mil metros, por mucho que usted o Einstein digan que el espacio y el tiempo son relativos.

—Lo son. Depende de quien los mida.

Brianne pensó que era mejor no seguir hablando del tema para no enfadar al taquillero. No quería arriesgarse a que no la dejara entrar y, además, lo verdaderamente importante era cómo llegar a la cima. Setecientos kilómetros, se midieran como se midieran, ¡eran muchos! Y luego tendría que bajar, ¡así que en realidad eran el doble! Y si tenía siete semanas para hacerlo, eso suponía caminar casi treinta kilómetros diarios. ¡Uf! Se cansaba de solo pensarlo…, pero ¡quería ver al oráculo!

—Señora, decídase, no podemos estar aquí todo el día. Yo tengo unos objetivos por turno y en la cola hay gente esperando. Aquí fuera el tiempo no se estira como en la montaña. ¿Sube o no sube? Y deje de hacer cálculos, por muchos que haga, le aseguro que no serán correctos.

Le miró algo indecisa. Había llegado hasta allí con la ilusión de alcanzar la cima, cosa que ahora se le hacía difícil de imaginar. Pero ahí estaba.

Había ido abierta y sin expectación, dispuesta a reprogramarse. Empezaría por soltar el control y todo tipo de expectativas sobre lo que iba a encontrar. Llegaría hasta donde pudiera y disfrutaría del camino.

Así que... *avanti!*

—Está bien, ¡voy a entrar! ¿Cuánto vale la entrada?

—Eso depende de lo que usted quiera pagar. Llegar arriba no vale lo mismo para todo el mundo, de modo que el precio solo lo puede determinar usted. Si es que llega, claro.

Vaya, lo que faltaba. ¡Un precio distinto para cada persona! Eso no le parecía justo. Empezaba a estar harta de tanta «relatividad», y temía que el taquillero se diera cuenta.

—Pero es que no sé hasta dónde voy a llegar. ¿Y si me quedo a mitad de camino? ¿Pagaré la mitad?

—No, porque, como ya le he dicho, en esta montaña no todos los kilómetros miden lo mismo, y la mitad puede que no sea la mitad.

¡Qué pesadilla de conversación! Ahora entendía por qué la mayoría de la gente se daba media vuelta y se iba. ¡Ella estaba a punto de hacer lo mismo! Ese hombre sacaba de quicio a cualquiera.

—A ver, señora. Llegar arriba tiene que ser una convicción, no una posibilidad. Si cree que puede llegar arriba, llegará, y si cree que no puede, no lo hará. Decídase.

Brianne se quedó pensativa. La gente en la cola se impacientaba y empezaba a quejarse. Tenía que darse prisa y tomar una decisión, ¡la que fuera!, pero ¿estaba lista para tomar la decisión adecuada? ¿Lo haría según su antigua programación o la nueva que quería tener? No había tiempo para reflexionar. Cerró los ojos y recordó su viaje en el Ferrari, cuando por fin descubrió que tenía el potencial de hacer todo lo que quisiera. Absolutamente todo. Solo necesitaba grandes dosis de determinación, otras tantas de confianza y cero miedos.

—Voy a llegar arriba, pero lo que quiero son respuestas del oráculo. El precio de la entrada debería estar condicionado a su existencia, ¿no cree? No puede valer lo mismo llegar arriba con oráculo que sin oráculo.

—Está bien, no se preocupe, ¡pague al salir y listo! No tenemos tiempo para tonterías. Firme aquí para que le dé la entrada, es el consentimiento.

¿Consentimiento? ¿Consentir el qué? Brianne empezó a leer el documento, que no era más que un listado de cosas absurdas que debía aceptar para poder entrar.

☐ ACEPTO CONFIAR EN LA MONTAÑA CIEGAMENTE.
☐ ACEPTO TODO LO QUE ME OCURRA EN LA MONTAÑA.
☐ ACEPTO TODO LO QUE NO ME OCURRA EN LA MONTAÑA.
☐ ACEPTO LAS LEYES DE LA MONTAÑA Y ME SOMETERÉ A ELLAS.

4

Las señales

Al llegar a ese punto, Brianne no pudo evitar soltar una carcajada. ¿Era una broma? ¿O más bien una tomadura de pelo? Miró al taquillero de reojo, pero él no se reía. Iba en serio.

—¿Cómo voy a aceptar algo que no sé lo que es? ¿Qué leyes son esas?

—Señora, el desconocimiento de algo no la exime de su cumplimiento. Si no acepta todas y cada una de las condiciones, no podrá entrar, es un requisito indispensable.

»Cuando alguien decide algo, asume todas las consecuencias, aunque no las conozca de antemano. Y usted ha decidido entrar, ¿verdad?

»¿O no? ¡Ah, ya veo! Puede que sea usted una de "esas personas"...

—¿De qué personas habla?

—De las que primero dicen una cosa y después otra; de las que dicen que sí pero no; de las que deciden algo y al rato cambian de opinión; de las que aceptan cosas pero con sus condiciones; de las que quieren controlarlo todo y no dejan que la vida las sorprenda; de las que...

—¡Vale, vale! Le he entendido.

Si no firmaba, el taquillero no la dejaría pasar, y si aceptaba las condiciones y luego le ocurría algo, no tendría derecho a reclamar nada. Sus padres jamás aceptarían eso, ¡había un montón de «ysis» en juego! Brianne dudó, pero entonces pensó en su hermana Maya. ¿Qué haría ella? ¡Entraría sin dudarlo! Dejó de leer, cogió el bolígrafo y firmó.

—Yo no soy de esas, que le quede claro. Ya no.

—Perfecto. Marque también esta casilla de aquí, por la privacidad de datos. Y deme su mochila para el registro.

A regañadientes, marcó la casilla y dio su mochila al taquillero, que empezó a revolver entre sus cosas.

—Uy, un móvil. No se lo puede llevar, lo recogerá a la salida.

—¿¿¿Mi móvil??? ¿Me va a dejar incomunicada? No, no, no... Tengo tres hijos, ¿sabe? Podrían llamarme en cualquier momento. Y, además, quiero hacer fotos, grabar algo, usar el GPS... Lo siento, pero no, el móvil me lo quedo.

—Le recuerdo que acaba de firmar un consentimiento aceptando cualquier cosa. Llévelo si quiere, pero no le valdrá de nada. En la montaña inhabilitamos la señal de nuestros clientes para que disfruten al máximo de la experiencia, solo tendrá comunicación con sus habitantes y con usted misma, claro.

—¡Tiene narices! Me hacen aceptar unas normas que no sé cuáles son y ahora esto.

—No le hemos obligado a nada, señora. Usted ha firmado voluntariamente.

Resopló otra vez, indignada. Resignada, más bien. Estaba claro que solo entraría a costa de dejar que hicieran lo que quisieran. «Ese es el precio», pensó.

—Y el dinero... puede llevarlo o dejarlo también aquí, como prefiera, tampoco podrá utilizarlo en la montaña.

—¿Cómo que no? ¿Y con qué voy a pagar las cosas? El alojamiento, por ejemplo, ¡o la comida!

—Basta de explicaciones, señora. Confíe. Eso también lo ha firmado, ¿recuerda? ¡Ah! Una cosa más...

Aquel Piotr era irritante. ¿Qué le iba a exigir ahora? ¿Que vendiera sus órganos?

—Tenga, este es su pasaporte para la montaña. Hasta llegar arriba hay siete niveles, pero sin el sello correspondiente en cada nivel no podrá ascender al siguiente.

Brianne miró el pasaporte. Era una pequeña libreta blanca y en la portada se veía una serpiente arcoíris enroscada y mordiéndose su propia cola. En el interior, solo siete páginas en blanco salvo por el encabezamiento: PRIMERA LEY, SEGUNDA LEY...

—¡Está vacío! ¡Faltan las leyes!

—Obviamente. Tendrá que escribirlas usted. Si no son correctas, no se lo sellarán, y sin sello no hay avance, ¿entiende? Aquí le dejo un bolígrafo, no lleva ninguno en la mochila, lo acabo de comprobar.

¡Vaya bolígrafo más raro! Terminaba en forma de llave, pero no le extrañó porque todo aquello era surrealista. Ella misma tenía que escribir las leyes de un lugar que no conocía y, encima, si eran incorrectas, no podría continuar su camino. ¿La echarían entonces? ¿O se quedaría ahí para siempre como esa gente desaparecida que nunca había regresado? A pesar de la cara de disgusto y preocupación de Brianne, Piotr sonrió y sacó de un cajón una gran llave dorada. ¡Era igual que el bolígrafo! Pero cuando parecía que iba a girarla para que la barrera de entrada se levantara, se detuvo.

—¡Ah, casi se me olvida! Tenga, el bastón. Entréguelo al llegar arriba.

Brianne miró el bastón. Era un simple palo de madera terminado en una especie de bola con un ojo tallado en ella. Era muy feo, ¡y tenía que cargar con él! ¿Usaban a los clientes de mensajeros llevando cosas de un lado a otro? Pero decidió no quejarse y, entonces sí, Piotr giró por fin la llave y la barrera se levantó. Brianne oyó aplausos. ¡Era la gente de la cola! Se alegraban de que después de tanto rato llegara su turno. Decidió ignorarlos y preguntar a Piotr en qué dirección debía ir. No había ninguna indicación, solo el kilómetro de partida en un cartel justo detrás de la barrera.

ENTRADA
kilómetro
0

—Usted empiece a andar, su guía aparecerá cuando lo necesite, no se preocupe.

—¿Un guía? ¡Estupendo! ¡Pensé que iría sola! ¿Me puede decir al menos cómo encontrar el camino de subida?

El taquillero torció el gesto y suspiró. Era evidente que no tenía ganas de seguir contestando las preguntas de Brianne.

**—Para encontrar algo, primero hay que perderlo,
¿no cree? ¡Busque las señales! Si las sigue,
no se perderá.**

»¡Buen camino, señora!

Brianne asintió mientras veía bajar la barrera. Piotr se giró de inmediato, indicó al siguiente cliente que pasara y esta vez fue ella la que suspiró y empezó a caminar, un poco de mala gana. ¡Ya no había vuelta atrás!

Solo unos pasos más adelante había un cartel que no esperaba:

—¡Empezamos bien! ¿Kilómetro 20? Pero ¡si ni siquiera me he puesto a andar! Señor, ¡esto está mal!

Pero Piotr ya no la oía. Delante solo había una explanada de arena rojiza y algunas rocas. Ningún pueblo o ciudad, ni siquiera una aldea a lo lejos. ¡Qué raro! Y de la mujer que había entrado antes que ella, ni rastro. ¿Qué camino habría seguido? ¡Si no había ninguno! Tampoco había señales, ni ningún guía esperándola para darle indicaciones. Pero con lo que le había costado entrar, no estaba dispuesta a dar media vuelta, ¡eran sus vacaciones! Llevaba tiempo esperando aquel momento y por fin había llegado. Tenía siete semanas por delante para disfrutar, oxigenarse y, sobre todo, pensar mucho. Así que decidió empezar con ganas y con buena actitud.

Consciente de su pésimo sentido de la orientación, sintió un poco de vergüenza: no tenía la menor idea de por dónde ir y, en breve, tampoco la tendría de por dónde volver. Solo veía desierto y más desierto. Mientras avanzaba, para animarse, pensó en lo que le había dicho Néstor, el empresario ermitaño al que conoció cuando se perdió en el bosque durante el viaje en el Ferrari. Él le dijo que los mejores caminos son los que no aparecen en los mapas, los que trazas tú mismo, porque te llevan a tu propio destino. Eso sonaba muy bien, pero Brianne no llegaba a ningún lado. Ni siquiera sabía si estaba caminando a lo tonto, en círculos. ¡Estaba perdida!

¿No había dicho el taquillero que su guía aparecería cuando lo necesitara? Pues ese era el momento, y por allí no había ni un alma. El silencio era tan abrumador que podía oír hasta el sonido de su sangre corriendo por las venas. Le dolían hasta los huesos de tanto caminar y empezó a sentir retortijones. Quizá fuera hambre, porque no había comido nada desde el avión, pero prefirió reservar lo poco que llevaba en la mochila por si le hacía falta más adelante. No parecía que por allí hubiera tiendas ni restaurantes. Lo que más miedo le daba era no conseguir agua. Había cogido solo una botella pequeña pensando que al llegar sería fácil comprar más, así que solo dio un sorbo. Empezó a invadirle un ligero sentimiento de culpa: por haber ido sin haberse informado bien y, sobre todo, por haber firmado cosas a la ligera, desoyendo todos los consejos que había recibido desde pequeña.

De repente divisó un pequeño cartel junto a unas rocas.
¡Por fin una señal! Se apresuró hasta él ayudándose del
bastón y esperando encontrar las indicaciones que necesitaba para seguir adelante.

Pues no, ¡maldito cartel! Le dio tal bastonazo que lo
abolló. Era imposible que hubiera andado treinta kilómetros, ni siquiera los diez que la separaban del cartel anterior. Había ido muy despacio, era complicado avanzar en
la arena y más aún en círculos y buscando señales. Aun así,
estaba tan cansada como si hubiera recorrido cincuenta.
Para empeorar las cosas, atardecía y no tenía dónde alojarse.
Había traído dinero en efectivo y sus tarjetas de crédito, más
que suficiente para pagar un hotel, ¡siempre y cuando hubiera alguno! ¿A eso se refería Piotr cuando dijo que no
podría usar su dinero? También habría comido algo de
buena gana, pero ni siquiera había un chiringuito a la vista.

Siguió adelante mientras se preguntaba cómo habrían
conseguido avanzar los demás. Tampoco se había cruzado con nadie que estuviera de regreso. ¿Estaría la salida en
otro lado? ¿Dónde? ¿Y si se quería ir? ¡Mandaba narices!
¿Que lo importante era caminar y que el camino aparecería solo? ¡Pamplinas! ¿Que confiara en la montaña? ¡Más
pamplinas!

Tuvo que reconocer que había sido fácil de engañar y engatusar. Era demasiado confiada. Le había ocurrido con Óscar, y parecía que no había aprendido la lección. ¿Por qué se creía las promesas de cualquiera? Siguió caminando, sintiéndose tonta de remate. Solo ella tenía la culpa de lo que le pasaba: nadie la obligó a casarse con Óscar y seguirle de un lado para otro perdonándole sus infidelidades y nadie le había obligado a aceptar las condiciones para entrar en la montaña.

Respiró hondo. Debería haber escuchado a sus padres, debería haber pensado más en sus hijos. ¡Había sido una egoísta pensando solo en su viaje! Y ahora tenía su merecido: estaba sola e incomunicada en un lugar desconocido, sin agua y sin comida. Y el dinero no servía para solucionar nada de eso porque allí no había dónde gastarlo. Era como una broma de mal gusto. Y encima olía mal, necesitaba una ducha, pero parecía que para eso iba a tener que esperar mucho tiempo.

De repente dio un brinco: ¡había visto a la anciana a lo lejos! Brianne comenzó a gritar y saltar alzando los brazos y agitando el bastón, pero la mujer se giró, la miró y continuó avanzando sin hacerle el menor caso.

—¡¡¡Señora!!! ¿No me ve? ¡No encuentro el camino! ¡¡¡Espereee!!!

Corrió hacia ella, pero la anciana desapareció tras unos peñascos. Iba vestida diferente, llevaba una túnica roja en vez de blanca. ¿Habría encontrado alguna tienda? ¿O no había sido más que un espejismo? Con la esperanza de alcanzarla, Brianne se dirigió hacia las rocas rojizas donde la había perdido de vista, justo delante de unas dunas. Pero al llegar, no vio ni rastro de la anciana. Lo único que había era... otro cartel.

Desesperanzada, se sentó en una de las rocas a descansar y dejó la mochila y el bastón apoyados a su lado. Tenía ganas de llorar. Había pasado mucho tiempo y seguía perdida y sola en medio de la nada. Sin duda alguien había colocado mal esos carteles para desorientar aún más a los visitantes, pero ¿por qué? Estaba abatida. La sensación de culpa le pesaba demasiado, tanto que empezó a hacerse pequeña acurrucándose sobre sí misma en la piedra. Se sentía abandonada, desamparada y sin un ápice de esperanza de encontrar el camino. Cerró los ojos y la apatía se apoderó de ella. No podía hacer nada, pero ya le daba igual. Suspiró y, al exhalar, las pocas fuerzas que le quedaban no pudieron sostener su cuerpo y cayó al suelo... ¡sobre algo blando!

El camino

Brianne abrió los ojos. ¿Qué era aquello? Enseguida se levantó y dio un salto atrás del susto. ¡Era una serpiente! Estaba enroscada sobre sí misma y parecía dormida. ¡O muerta! ¿La habría aplastado? Era bastante probable, su peso podría matar bichos más grandes, incluso algún mamífero de tamaño medio. ¿De dónde había salido? Estaba segura de no haberla visto cuando llegó y, con lo grande que era el desierto, ¿tenía que haber caído precisamente encima de ella? No podía ser casualidad.

Sin embargo, por alguna razón, no tenía miedo. Cogió el bastón, la zarandeó un poco, y le pareció preciosa. Su piel era iridiscente cuando le daba el sol y, al moverla, se veían en ella todos los colores del espectro, ¡como un arcoíris! Pero la serpiente ni se inmutó. ¿Estaría muerta? ¿Qué sentido tendría eso? ¿Cómo habría llegado hasta allí entonces? Quizá estaba igual de perdida que ella y no había encontrado agua ni comida y había muerto allí mismo.

De repente tuvo una idea. ¿Y si se la comía? Había visto documentales en los que salía gente que comía serpientes, en algunos países incluso era algo habitual. Llegado el momento, ella no dudaría en hacerlo. Tendría que ser capaz de encender un fuego para asarla, pero antes debía asegurarse de que estaba muerta. Así que la zarandeó de nuevo con el bastón, esta vez más enérgicamente, tanto que la serpiente abrió los ojos, levantó la cabeza y de un salto se enroscó en el bastón de madera y mordió la bola de la empuñadura.

¡Brianne se llevó un susto de muerte! Dejó caer el bastón sobre la arena ardiente y se escondió detrás de las rocas. Estaba paralizada mirando fijamente a la serpiente enroscada en el bastón cuando, de repente, vio una mano que lo recogía. ¡Era la anciana! Una mujer bastante mayor y considerablemente arrugada, más incluso que la túnica roja que la cubría. Brianne se la quedó mirando, pero no sabía qué decir. Estaba en shock.

—Tranquila, no tengas miedo. Esta es Kundha, pertenece a la montaña, es inofensiva, no te hará daño. Y yo soy Lynne, tu guía.

—¿¿¿Mi guía??? Pero si te vi en la cola y entraste antes que yo. Te puedo tutear, ¿verdad?

—Por supuesto, pasaremos mucho tiempo juntas, ¡espero! Y, en efecto, entro y salgo de la montaña a menudo para elegir a mis clientes.

—Vaya, ¿y me has elegido a mí?

—Pues sí. Me pareció que necesitabas algo de orientación.

—¿Algo? ¡Si estoy totalmente desorientada! Llevo horas caminando sin rumbo, no veo las señales, no sé en qué dirección ir... ¡Estoy perdida!

—En realidad, llevas años perdida, Brianne.

—Espera..., ¿cómo sabes mi nombre?

—Me lo dio Piotr, claro. Rellenaste una ficha con tus datos, ¿recuerdas?

Por supuesto que lo recordaba. Y también que había firmado la privacidad de datos.

—Lynne, este sitio es un desastre. No hay mapas ni señales, el kilometraje no es correcto y los guías no están cuando se les necesita. Ah, y no tengo cobertura en el móvil para usar el GPS. ¡Así se pierde cualquiera!

—Para encontrar algo, hay que saber qué se busca, ¿no crees?

»El camino solo se muestra cuando sabes adónde vas. No hay mapas, ni señales ni guías en el mundo que puedan orientar a un viajero que no sabe su destino.

—Pero yo sé adónde quiero ir, ¡a la cima de la montaña!

—No me sorprende, ¡todo el mundo quiere llegar a la cima! Pero no todos pueden llegar por el mismo camino, cada uno tiene el suyo.

—¿Hay un camino para cada turista? ¡Eso Piotr no me lo dijo! Además, no es que no vea el mío, ¡es que no veo ninguno!

—Mientras sigas mirando con los ojos de la vergüenza, la culpa y la desesperación, no los verás. No dejas de lamentarte y quejarte, ¡y eso te ciega!

—Como comprenderás, los ojos no me los puedo cambiar, he venido con lo justo y no me he traído otros de repuesto.

—Claro que sí, solo tienes que cambiar la forma de mirar.

—Ah, vaya. ¿Y cómo se hace eso? Porque a mí solo me han enseñado a ver de una manera.

—Deja de culpar a los demás. Y tampoco te culpes a ti misma. ¡Aquí no hay culpables! No se trata de eso. ¿No te dijo Piotr que confiaras en la montaña y aceptaras todo lo que pudiera pasar? Creo que incluso lo firmaste, ¿no? Entonces ¿por qué te resistes tanto?

Brianne estaba confusa. Su guía le estaba soltando una reprimenda como si fuera una niña pequeña que se hubiera portado mal. Pero ¡si era ella la que tenía que pedir explicaciones!

—Brianne, me conozco la montaña al dedillo, pero no he podido encontrarte hasta que has querido ser encontrada, hasta que te has rendido abandonándote a tu suerte y aceptando la situación sin tratar de controlarlo todo.

Brianne no comprendía muy bien.

—Para poder ver tu camino, primero debes ser capaz de imaginarlo.

—¿Imaginarlo? Pero ¿cómo? Yo no había estado antes aquí, ¡no sé cómo es!

—Claro. ¡No sabes cómo es porque aún no existe! No se materializará hasta que lo veas en tu mente. No puedes crear algo que no hayas imaginado antes. ¿no te das cuenta?

Era evidente que no se daba cuenta. Todo eso le sonaba a chino mandarín, no entendía ni una palabra. Quería que Lynne le mostrara el camino no ya para llegar a la cima sino al siguiente pueblo, para comer algo, beber, ducharse y descansar. ¿Una guía no servía para eso?

—Dime, Brianne, ¿lo ves ya?

Miró alrededor. No había aparecido ningún camino. ¿Qué esperaba? ¿Magia?

—Aquí no hay nada, solo arena. ¿Acaso lo ves tú?

—¡Yo veo el mío! El tuyo deberías verlo tú.

—¿Y cómo puede ser que tú veas el tuyo y yo no vea el mío?

—Porque las cosas no se ven como son, sino como somos, ya te lo he dicho. No te estás permitiendo ver el camino, Brianne. Ves la realidad a través del filtro de tus vivencias, tu historia familiar, tu cultura, tus miedos, tus creencias... ¡Tu percepción es diferente a la mía!

Brianne se acordó en ese momento de la conversación de los dos programadores de la cola del aeropuerto y entendió que su programación solo le permitía ver lo que estaba escrito en su código fuente.

—Si no cambias de filtro, Brianne, no verás el camino. Ahora mismo es como si llevaras unas gafas empañadas y lo vieras todo nublado.

—Pues yo creo que las que llevo ahora mismo son más bien negras, ¡porque no veo nada!

—Puede ser. Pero solo tienes que ponerte otras diferentes y ver lo que quieras ver.

—¿Las que yo quiera? Si eso fuera así, cada persona vería el mundo a su manera, no como es realmente.

—¡Pues claro! Todo es una creación mental, ¡todo es conciencia! Cada uno crea su propia realidad.

—No sé, Lynne, suena demasiado bonito. Si fuera tan

fácil crear una realidad a medida, ¡todos seríamos felices!

—¿Acaso no crees que sea posible? ¿Por qué no lo intentas? Venga, ¡cierra los ojos! ¡Imagina tu camino! No tienes nada que perder.

Eso era cierto. Bastante perdida estaba, no podía perderse más, así que cerró los ojos, respiró profundamente y trató de imaginar un sendero entre la arena. ¿Cómo sería en aquel lugar? Estaba claro que antes o después habría algún camino, ¿qué sentido tendría si no?

Se lo imaginó de arena, largo y estrecho, con algunas piedras y algo de vegetación y raíces a los lados. Puestos a pedir, ¡también con algunas flores! Bueno, mejor no. No era probable que ahí floreciera nada. Pues ya estaba, ¡ya lo había imaginado! Abrió los ojos rápidamente con la esperanza de ver el camino delante de ella y... ¡nada! Brianne se enfadó. ¿Cómo había podido creerse semejantes fantasías?

—¡Lynne! ¡No hay nada!

—¡Claro que no!

»**La creación mental del camino es solo la idea que marca tu deseo y tu propósito, pero no es la realidad. Para materializarlo y hacerlo real, debes pasar a la acción, ¡debes caminar!**

»¿Qué creías, que iba a aparecer ahí de repente por arte de magia?

Pues sí, eso es lo que habría creído. ¡Qué ingenua! Pero había ido allí dispuesta a caminar y llegar a la cima, y ni las heridas ni el cansancio iban a evitarlo. Quería reprogramarse y averiguar su propósito, ¡llevaba muchos años desconectada de su talento y de su esencia! Había abandonado demasiadas cosas por complacer a los demás y ahora había llegado su momento.

—¡Vamos! ¿A qué esperas? Ponte la mochila, coge el bastón ¡y en marcha!

—Espera, espera... ¿Que coja el bastón? ¿Con la serpiente? ¡Ni de broma!

—Es tu bastón, Brianne, debes llevarlo durante todo el camino y entregarlo arriba. ¿No te lo dijo Piotr?

—Sí, claro que me lo dijo, pero no mencionó que llevaría una serpiente enroscada en él.

—Kundha conoce la montaña casi mejor que yo, ¿sabes? Te será de mucha ayuda.

Cogió recelosa el bastón sin apartar la mirada de la serpiente, que a su vez la miraba a ella fijamente. Sus afilados dientes seguían clavados en la madera de la empuñadura. Brianne decidió relajarse y confiar. No le quedaba más remedio.

—Muy bien, ¿por dónde vamos, Brianne?

¿De verdad le estaba preguntando eso? No veía ningún camino, pero estaba decidida a encontrar uno, así que señaló la parte trasera de los peñascos, imaginando que allí habría uno.

—Vayamos por ahí, rodeando las dunas.

—¡Estupendo!

Las dos comenzaron a andar en silencio paso a paso. Como empezaba a oscurecer, Lynne sacó una linterna de debajo de la túnica e iluminó el camino. ¡Había un camino! Brianne no podía creerlo.

6

La mente

—Lynne, ¡hay un camino! ¿Es el mío?

—Claro, ¿de qué te extrañas? Una vez que te has convencido de que podía existir, ha aparecido. Es de sentido común.

—O sea, ¿solo tengo que creer en la existencia de algo para que aparezca? ¡Menudo chollo!

—Solo si lo crees de manera consciente y subconsciente, Brianne.

»Las manipulaciones mentales aquí no sirven. Debe ser un convencimiento sincero de todo tu ser, creerlo con toda tu alma y con todo tu corazón, no solo con el pensamiento.

—Entiendo... Pero si hay algo que no puedo manipular es mi subconsciente, ¿sabes?

—Pues ahí es donde está toda esa programación de la que hablas. Pero no te preocupes, en la montaña tendrás tiempo de sobra para reprogramarte, ¡todo el que necesites!

—Serán siete semanas, ¿me dará tiempo?

—Camina, Brianne, camina...

A pesar de que no obtuvo respuesta de Lynne, Brianne estaba muy contenta. Ya no estaba sola, había un camino y pronto llegarían a algún lugar. Pero ¿adónde? ¿Por qué todo era tan complicado de averiguar en la montaña? ¿Por qué no podían darle respuestas claras y concisas?

—¿Dónde vamos ahora, Lynne?

—Tú sabrás, es tu camino.

—Aquí todo parece una adivinanza. ¡Nunca estoy segura de la respuesta que tengo que dar!

—Eso es porque no hay una única respuesta. Siempre estás esperando que otro te la dé, pero cada uno tiene la suya. Tú tienes que encontrar la que te vale a ti. A veces todos tenemos la misma pregunta pero esperamos respuestas diferentes. ¿Qué respuesta esperas tú?

—¿A qué pregunta?

—¡Brianne, despierta! ¿No te das cuenta de que aquí todo va a ser como tú quieras que sea? ¡Decídete! ¿Dónde quieres ir ahora? ¿Qué necesitas para seguir avanzando? ¡Hazte la pregunta adecuada!

No tuvo que pensar demasiado. Quería llegar a algún lugar donde le dieran una habitación, comida y le curaran las ampollas que ya notaba en los pies. Ah, y algún analgésico para el dolor de cabeza. Y otro para el estómago, aunque quizá le dolía por el hambre y el cansancio.

—Con llegar al siguiente pueblo me vale, seguro que hay alguna pensión y una farmacia.

—¿El siguiente pueblo? Pero, Brianne, ¡sigues sin entender nada! Aquí no hay un recorrido preestablecido, no hay una sucesión de pueblos igual para todo el mundo.

—¿Quieres decir que no todo el mundo ha estado aquí?

—¡Claro que no! Cada uno empieza en un lugar diferente. Hay entradas a la montaña en distintos puntos y tú elegiste este: Apathia.

—¿Apathia? ¿Así se llama este lugar? Pero yo no lo elegí, ¡no sabía que había otros! Quizá si hubiera entrado por un punto más arriba, ¡me habría ahorrado todo el desierto!

—Has entrado por donde debías entrar, por el único sitio por el que podías hacerlo y que es, por cierto, el más bajo de todos: el nivel de supervivencia. Necesitabas pasar por aquí, Brianne. Míralo por el lado positivo: ¡verás la montaña entera!

¡Menudo consuelo! Era todo tan raro...

Siguieron caminando. Mucho. Y no llegaban a ningún sitio. Brianne no se atrevía a preguntar nada más, confiaba en que antes o después aparecería algún pueblo a lo lejos. Si no, ¿por qué Lynne la acompañaba? De vez en cuando miraba de reojo a Kundha, que permanecía inmóvil en el bastón pero sin quitarle ojo a su vez a ella. Cuando se lo contara a sus hijos no la creerían, ¡qué pena que no pudiera sacar fotos con el móvil! El inhibidor de la montaña debía de ser muy potente, porque ni siquiera se encendía.

Había anochecido. A pesar de que Lynne iluminaba delante de ella con la linterna, Brianne estaba tan cansada que no veía bien dónde pisaba y se caía una y otra vez al tropezar con las raíces que desde hacía un rato salpicaban el sendero, ¡justo las que había imaginado! La sangre brotaba de sus rodillas y notaba que en los pies se le formaban heridas y ampollas que le impedían caminar bien. Sin embargo, Lynne ni se inmutaba; la ignoraba sistemáticamente. Esperaba a que se levantara y después proseguía la marcha sin una palabra. Brianne se sentía indignada por su indiferencia, y se lo hizo saber.

—Creo que iría más rápido si me ayudaras a caminar, Lynne.

—Si te ayudara, no avanzarías.

Brianne estaba demasiado cansada y confundida, sabía que era uno de esos momentos en los que no debía seguir preguntando, pero había una pregunta que llevaba al menos una hora queriendo hacer y no fue capaz de contenerse.

—Lynne, ¿cuánto queda?

—Pareces una niña pequeña. Deja de preguntar tonterías. Ya deberíamos haber llegado, pero con esa actitud y esos pensamientos solo ralentizas el camino.

»A estas alturas tendrías que saber que aquí todo es relativo, incluso el tiempo y el espacio. ¡Todo depende de ti! Eres tú la que lo experimenta.

Se quedó de piedra. ¡Otra vez con el tema de la relatividad, como Piotr, y encima le echaba la culpa! ¡Si ella era su guía! ¡Y la que conocía la montaña! Empezaba a enfadarse. Desde hacía un rato pensaba en sus hijos, en si estarían bien con Óscar, si la echarían de menos... Sintió mucha pena por no estar con ellos, comenzaba a arrepentirse de haberse ido. Además, le dolían los pies, las rodillas, la espalda, la cabeza y el estómago. No había comido nada desde hacía horas, no dejaba de sudar, de mancharse, apenas podía caminar por el cansancio y el dolor, y Lynne seguía con sus jueguecitos de palabras. Pero ella ya no quería jugar, solo quería llegar a algún lado donde pudiera descansar, lavarse, comer algo, curar sus heridas... ¡Solo eso! ¿Era tanto pedir?

—A ver, Brianne, déjame verte. Vale, casi estamos llegando, no te preocupes. Empiezas a sufrir lo suficiente. Quedan... unos veinticinco kilómetros.

—¿Que ya empiezo a sufrir lo suficiente? ¿Cuánto más tengo que hacerlo? ¿Y veinticinco kilómetros más? ¿De verdad? Es imposible que camine tanto, menos aún en este estado.

—Si crees que no puedes, no podrás; eso está claro. Pero dímelo ya y así no perdemos el tiempo ni tú ni yo. Te muestro la salida, me voy a por otro cliente, ¡y listo!

Brianne suspiró y prefirió no insistir en el tema. Estaba desesperada por salir de Apathia ¡y no sabía cómo! Pero no estaba dispuesta a irse de la montaña, al menos aún no. Sin embargo, el dolor empezaba a ser insoportable, no tanto el físico, sino el que sentía al pensar que quizá no volvería a ver a sus hijos. La sangre que emanaba de sus heridas no era nada comparada con la que sentía salir de sus entrañas, desgarradas por la sensación de lástima e impotencia.

—Brianne, te repito que tus avances en la montaña dependen más de tu actitud que de tus pasos. Si quieres, puedes hacer que esos veinticinco kilómetros sean cortos. Sobre todo si consigues tu sello.

¡El sello! ¡Lo había olvidado totalmente! Sin el sello en su pasaporte no podría salir de Apathia para entrar en otro lugar, pero ¿cómo lo conseguiría? ¿Y dónde? Al ver su cara de desorientación, Lynne le explicó que ella misma le sellaría el pasaporte siempre y cuando hubiera asimilado la primera ley de la montaña.

—Pero ¿cuál es la ley de Apathia, Lynne? ¡Nadie me ha explicado cómo averiguarla! Piotr no me dijo nada y en el folleto tampoco había información al respecto...

—Venga, Brianne, ya estás buscando otra vez las respuestas fuera de ti y echando culpas. Nadie te va a decir ni la ley de Apathia ni las leyes del resto de los lugares de la montaña. Debes deducirlas tú sola y apuntarlas ahí, en tu pasaporte.

Brianne se quedó pensativa. ¿Deducir ella las leyes? No era abogada, ¡había estudiado Económicas! Y aunque a lo largo de su vida se había manejado bastante bien con los contratos, jamás había redactado ninguna ley. Eso era nuevo y desconocido para ella.

—No irás a decirme que no has aprendido nada desde que has llegado. ¡Eso me dejaría en muy mal lugar! Siéntate y saca tu pasaporte, ¡solo tienes que escribir la primera ley! Si es correcta, te pondré el sello y llegaremos a Desiria en el kilómetro 75. Hasta que no lo hagas, ¡no llegaremos!

¡Desiria! ¡Eso era un sitio concreto! ¡Y sonaba bien! Así que, casi sin fuerzas y agotada por el arduo camino, sacó el pasaporte de la mochila y el bolígrafo en forma de llave que le había dado Piotr. ¡Tenía gracia! Lo que escribiera con él le abriría o no las puertas de un nuevo lugar. Pero no se le ocurría nada. O más bien se le ocurrían muchas cosas que bien podrían ser la primera ley de la montaña:

– No acceder a la montaña sin un mapa o una
brújula.

– No entrar solo en la montaña.

– No olvidar traer agua suficiente y una gorra.

– No firmar nada sin saber qué es.

– No irse de vacaciones sin estudiar antes bien
el programa.

No, no podía ser nada de eso; si cualquiera de esas cosas fuera una ley, algo de obligado cumplimiento, jamás
habría entrado. Tenía que ser otra cosa. Algo igual de re-
torcido y complicado como esa montaña, como Piotr, como
Kundha y como Lynne. Pero ¿qué? ¿Qué había aprendido
realmente? Estaba demasiado agotada para pensar, pero
Lynne la miraba impaciente y parecía muy segura de que
hallaría la respuesta. ¿Cuál sería la primera ley? Brianne
miró a Kundha, que permanecía inmóvil en el bastón y no
apartaba la vista de ella.

—Vamos, piensa, ¡recuerda que eso es un superpoder!

¡Claro! ¡Eso era! Brianne pensó que tal vez deliraba,
porque lo que estaba a punto de escribir era algo muy raro,
algo en lo que nunca había creído pero que ahora le parecía
muy real. Una ley que, de hecho, había comprobado que se
cumplía siempre desde que había llegado a la montaña. Así
que abrió el pasaporte con toda la presteza que sus pocas
fuerzas le permitieron y empezó a escribir en la primera
página. Al terminar, se lo entregó a Lynne y, acto seguido,
intentó ponerse en pie y se desplomó, no sin antes ver el
ansiado cartel.

Lynne miró a Kundha, abrió el pasaporte por la primera página y puso el primer sello.

PRIMERA LEY:

Todo es una creación mental.
La realidad que veo es el resultado
de mi propio pensamiento. Las cosas
no son como son, sino como soy yo.

DESIRIA

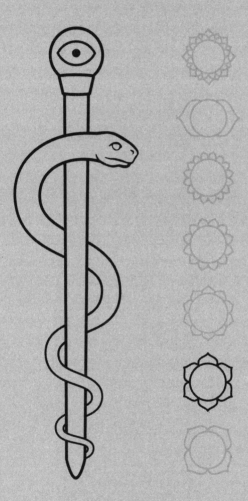

Las heridas

Brianne despertó en una cabaña de paredes de barro anaranjado. Varios hombres y mujeres de piel blanca, pelo largo y negro, y ojos de un color miel tan intenso que parecían hipnotizarla, la miraban fijamente. Vio su bastón apoyado a los pies de la cama; Kundha empezaba a despertarse. Pero de Lynne, ni rastro.

Trató de incorporarse, pero se encontraba tan mareada que cayó de nuevo en la cama sin entender nada.

—¿Dónde estoy? ¿Y mi guía?

—Tranquila, aquí estás a salvo, solo necesitas descansar.

Miró a su alrededor. La cabaña no tenía ventanas de cristal sino mosquiteras por las que se veía la espesa vegetación del exterior. Pero... ¡si hacía apenas unos minutos estaba en medio de un desierto!

—¿Cuánto tiempo he dormido?

—El que necesitabas, por supuesto.

Brianne contó siete personas: dos hombres, cuatro mujeres y una niña. Se parecían todos mucho, seguramente eran parientes, e iban vestidos de manera muy sencilla con tejidos naturales en diferentes tonos tierra. La niña, escondida tras las piernas de la que debía de ser su madre, asomaba la cabeza para mirarla con curiosidad. La mujer que había hablado se acercó a Brianne y empezó a curarle las heridas con unos ungüentos que había encima de la mesita de noche; los demás salieron de la cabaña, también la niña, que se fue de la mano de uno de aquellos hombres.

—Pronto estarás bien. Solo tienes que descansar unos días.

—¿Unos días? No puedo quedarme tanto tiempo, tengo mucho camino que recorrer. Si no le importa, necesitaría comer y beber algo y ponerme unas cuantas tiritas, pero mañana mismo me gustaría continuar mi viaje.

No estaba dispuesta a quedarse tanto tiempo. Seguro que no pasaban muchos turistas por allí y querían cobrarle más noches de alojamiento.

—Brianne, todo tiene su proceso. Debes tener paciencia.

»Los grandes esfuerzos requieren grandes descansos, igual que la alegría necesita la tristeza y el ruido el silencio.

Ella no estaba de acuerdo, pero se encontraba demasiado cansada para contestar.

—Además, si no sanas tus heridas, la montaña no te dejará avanzar por mucho que lo intentes.

—Pero ¡si solo tengo arañazos y llagas en los pies!

—Eso es lo que tú crees. Has venido aquí con más heridas de las que piensas, lo que pasa es que no las ves.

—No tengo ninguna herida, ¡te lo garantizo! Me habría dado cuenta porque me dolerían, ¿no crees?

—¿Quieres decir que no hay nada que te duela? ¿Seguro? Piénsalo bien. A veces estamos tan ocupados que no nos prestamos atención y no reconocemos el origen del dolor. Casi siempre viene de esas heridas que permanecen ocultas y que no nos dejan seguir adelante hasta que las curamos y, entonces, avanzamos de verdad.

Brianne pensó que quizá esa mujer tuviera razón. En ocasiones se sentía mal —bloqueada, indecisa o triste, sin ganas de hacer nada, como si la vida no tuviera sentido para ella— y no sabía por qué. Era como un dolor en el pecho, en el corazón. Y otras veces en el estómago o en la cabeza.

—Las heridas mal curadas son las peores porque se enquistan, créeme, ¡solo provocan malestar y confusión! Creemos que nos hemos recuperado de algo, que ya estamos bien, pero no hemos tenido el tiempo adecuado de reposo, de calma, de soledad y de silencio para que cicatricen adecuadamente. A veces, incluso, no hemos llorado lo suficiente, y las lágrimas son necesarias para sanar, ¿sabes? Lo limpian todo, ¡desinfectan cualquier herida!

Quizá fuera eso. ¿Y si no se había recuperado del todo de su separación? Brianne creía estar bien, pero tantos años intentando encajar donde no encajaba, haciéndose más y más pequeña y anulándose para después recibir una puñalada por la espalda no era una herida leve. ¿Y si no se había permitido verla pero seguía ahí? ¿Y si tenía otras de la infancia que ni siquiera recordaba?

—Perdona, ¿cómo te llamas?

—Sarah. Me encargaré de ti mientras estés con nosotros, que espero sea mucho tiempo.

Brianne no contestó porque ella deseaba justo lo contrario: ¡irse cuanto antes y llegar a la cima! Pero sí le preguntó cómo podía descubrir esas heridas ocultas, destaparlas para dejarlas en evidencia. Si no las veía, no las podría curar.

—No son fáciles de ver, Brianne. Hace falta conocerse bien para mirar muy adentro, en lo más profundo de nosotros, ahí donde no solemos llegar de manera consciente.

—¿Quieres decir que están en nuestro subconsciente? Mi guía, Lynne, me ha hablado de eso, es ahí donde tenemos también nuestros patrones, los hábitos de conducta que no controlamos y que se han ido depositando en ese lugar invisible desde que somos pequeños.

—Exacto, todo lo que no vemos, pero que aun así nos condiciona, está ahí. Por eso a veces nos sorprendemos reaccionando a cosas de un modo que no llegamos a comprender, que no nos gusta pero no podemos evitar.

—Ya entiendo. Entonces ¿qué puedo hacer? No quiero tener heridas sin curar ni nada que me condicione sin yo saberlo. Preferiría tener el control de mi vida, elegir cómo quiero comportarme y no ser como un programa informático o responder como un robot al que le han dado ciertas órdenes de conducta.

Volvió a recordar a los programadores del aeropuerto. Estaba claro que todo apuntaba a que la montaña le ofrecería la oportunidad de reprogramarse, pero ¿cómo?

—Para conocerse mejor hace falta mucha introspección y meditación y pasar tiempo a solas, por ejemplo. Pero hay otras maneras eficaces, y mucho más rápidas, de identificar aquello que nos duele o aquello a lo que tememos.

—¿Ah, sí? ¿Cuáles?

—Bueno, muchas las irás aprendiendo según vayas ascendiendo por la montaña. Es sabia y te mostrará en cada momento las que necesites. Aquí, en Desiria, tenemos una muy particular que quizá quieras probar. Se trata de una medicina que no es agradable, pero sin duda es rápida y sirve para ver lo que normalmente no se ve. Eso sí, tienes que estar dispuesta a mirarlo de frente y no tener miedo de que te duela. Hurgar en las viejas heridas escuece un poco, la verdad, pero es la única manera de abrirlas bien y curarlas para siempre.

Brianne sentía curiosidad. ¿Una medicina? Ella pensaba que se trataría de algún tipo de hipnosis, alguna técnica o terapia, no de un medicamento para acceder al subconsciente. No sabía que eso existiera, ni que pudieran dárselo sin receta, y mucho menos fabricarlo en medio de lo que parecía una selva. Eso de meterse en el cuerpo un fármaco desconocido le daba cierto respeto, pero no tenía mucho tiempo y un atajo a su interior le vendría de perlas. Era como hacer trampas, pero decidió acceder.

—Ya que me tengo que quedar aquí un tiempo, me gustaría probarlo, Sarah. No me hará daño, ¿verdad?

—No, es una medicina natural, sin químicos; la naturaleza es sabia y capaz de curar lo que las personas no pueden. Además, aquí solo tú puedes hacerte daño, sobre todo si decides tomarla sin estar preparada.

—Vaya, y... ¿lo estoy?

—Tú sabrás, Brianne.

»¿Estás dispuesta a curar esas heridas?
Hay gente que prefiere seguir ignorándolas.
Cree que, si no las ve, no las tiene y,
por tanto, no le van a doler.

—Estoy convencida. No solo quiero que se me curen las llagas de los pies, sino esas llagas internas que seguramente sean las que me hacen daño al caminar por la vida.

—Así es. Bueno, entonces te prepararé un poco de medicina. Deberás tomarla en ayunas y después reposar siete días.

—¿Siete días? Pero, Sarah, yo pensé que sería algo rápido.

—¡Y lo es! Pero, como te dije antes, todo necesita su tiempo. De nada te servirá reabrir una herida si luego no esperas el tiempo suficiente para que cicatrice. Lo único que conseguirías es volver a cubrirla sin curar. Ten paciencia, sobre todo contigo misma.

Vaya, ahora le cobrarían siete noches de alojamiento, ¡se la habían colado! Tenía que ir asumiendo que, a pesar de lo rudimentario que era aquel sitio, la factura sería elevada. Por alguna razón, se había imaginado alojándose en hoteles con encanto o paradores turísticos, no en una cabaña como aquella. ¿Dónde estaría la lista de precios?

De repente, Lynne entró por la puerta. Extrañamente a Brianne le pareció más joven, y su túnica tenía un aspecto más anaranjado. ¿Se la habría cambiado de nuevo o era una sensación suya? ¿Se alojaría también en una cabaña? Lo importante era que llevaba una bandeja con comida que tenía una pinta deliciosa.

—Vale, os dejo solas. Brianne, come y descansa. Volveré esta noche con la medicina.

Sarah salió por la puerta y, aunque intentó cerrarla con cuidado, el crujido fue inevitable.

—Veo que ya te has despertado, Brianne, ¡fantástico!

—Sí, me hacía falta un buen descanso, pero parece que aún necesito más.

—Seguro. Ten en cuenta que has recorrido muchos kilómetros; setenta y cinco ni más ni menos, ¡eso es muchísimo!

—Bueno, lo de los kilómetros aquí... Ya sabes, ¡son raros!

—De cualquier modo, sirven para medir distancias, y aunque no sean físicas, se recorren con el mismo esfuerzo o más. Entonces ¿tomarás la medicina de Desiria? Eso me ha parecido entender.

—Sí, lo haré, aunque me gustaría conocer antes el precio. Y también me gustaría saber cuánto cuesta alojarse aquí. No quiero llevarme después una sorpresa.

—Brianne, aceptaste confiar en la montaña y todo lo que ocurriera en ella. Deja de querer controlarlo todo y simplemente fluye. ¿Tan difícil es?

Claro que lo era. Seguía siendo una mujer controladora aunque se esforzara por no serlo, y quería saber lo que iba a tener que pagar, ¿tan raro era eso? ¿O se trataba de uno de los patrones heredados de los que le había hablado Lynne? ¿Quizá ese control estaba provocado por alguna herida invisible? Eso era lo primero que le gustaría descubrir.

—Debes soltar y dejar ir esos miedos que te impiden confiar en los demás. ¿Por qué crees que se aprovecharían de ti o te darían algo que te hiciera daño? ¿No puedes darles un voto de confianza? No creo que hayan hecho o dicho nada para que pienses eso, ¿no? Me parece que has olvidado la primera ley de la montaña.

—¿La primera ley? ¿La de que todo es mental y que la realidad que vemos la hemos creado con nuestros pensamientos?

—Exacto. Diría que les has juzgado cogiendo de tu subconsciente los datos que han dejado ahí experiencias anteriores y sacando a partir de ellos conclusiones erróneas. Ese software interno que ha programado tu pasado ha creado una realidad ya predeterminada para ti, y hasta que no cambies eso, verás siempre a la gente de la misma manera, pensarás que intentan engañarte, que hacen las cosas para aprovecharse de ti.

Brianne se quedó estupefacta. Eso era verdad. Nadie había hablado de cobrarle nada, ni siquiera Piotr le había hecho pagar para entrar, ¡lo había dejado a su elección! Y Sarah no había mencionado nada acerca del dinero. ¿Por qué ella había pensado que le cobrarían y además un precio excesivo?

—Creamos realidades a medida para protegernos de aquello de lo que tenemos miedo. ¿De qué tienes miedo tú?

»¿Por qué desconfías tanto de la gente cuando se trata de dinero? Ha sido un tema recurrente en tu pensamiento desde que has llegado.

Se sintió avergonzada. Eso era verdad. ¿De qué tenía

miedo? ¿De quedarse sin dinero? ¿De no ser capaz de generar más? ¿De que la engañaran o la estafaran y sentirse tonta por ello? Y, lo más importante, ¿por qué tenía ese miedo? ¿Qué o quién lo había generado? ¿Por qué estaba escondido en su subconsciente?

—La medicina de Desiria te ayudará a comprender mejor esos miedos que tienes. Si los enfrentas, podrás eliminarlos y expulsar todo aquello que te está haciendo daño. Ahora come y descansa. Sarah vendrá más tarde a despertarte para darte el brebaje. Nos vemos mañana, ¿de acuerdo?

Brianne asintió. ¿Brebaje? ¿No eran cápsulas de hierbas? ¿Y qué había querido decir con «expulsar»?

—Deja de preguntar, Brianne, es hora de dar respuestas. ¡Buen viaje!

Lynne salió de la cabaña dejándola algo confundida. ¿Cómo sabía Lynne que se estaba preguntando todas esas cosas? ¿Y a qué viaje se refería? Tomaría la medicina ahí mismo, en la cabaña, no iría a ninguna parte. Decidió hacerle caso y apartar las preguntas. Comió todos los alimentos que le había llevado y se sumió en un profundo sueño.

8

La purga

—Brianne... Despierta...

Era Sarah. La acompañaba la niña del día anterior y ambas estaban sentadas encima de la cama, a los pies de Brianne. La pequeña sostenía un vasito con un líquido denso y oscuro y le preguntó con una sonrisa si se encontraba mejor.

—Sí, ¡mucho mejor! ¡Gracias!

Se incorporó. Las vendas de los pies y las rodillas parecían recientes; pensó que Sarah debía de haberlas cambiado mientras ella dormía tan profundamente que ni se había enterado. Sentía curiosidad por aquel líquido que la niña le ofrecía, así que le hizo las preguntas pertinentes a Sarah.

—¿Esta es «la medicina»?

—Sí, es una resina que destilamos aquí, en el poblado. Con esta pequeña dosis será suficiente.

—Vale, ¿y me la bebo y ya está?

—Sí, ya está. Pero antes debes establecer tu intención.

—¿Qué intención? No entiendo, Sarah.

—La medicina curará lo que tú le pidas que cure. Debes hablar con ella, decirle qué te duele, y ella te mostrará la causa de ese dolor.

—Ah, ya entiendo.

—Al rato te sentirás mareada, así que es mejor que no te levantes de la cama, ¿de acuerdo? Te hará efecto durante varias horas. Volveremos dentro de un rato para comprobar que estás bien.

—Muchas gracias, Sarah. ¿Y mañana podré salir de aquí?

—Claro que sí, te enseñaremos el poblado. Necesitas caminar y que te dé el aire. Pero ahora céntrate en curarte, que a eso has venido aquí.

Brianne se acercó el líquido a la nariz. No olía a nada, pero aquel color marrón oscuro no lo hacía nada apetecible. Además, era viscoso; menos mal que en un par de tragos se lo habría terminado. Sarah y la que parecía su hija salieron de la cabaña y la dejaron tranquila y sola entre aquellas cuatro paredes donde había permanecido desde su llegada a Desiria.

Respiró hondo, preparándose para tomar aquel brebaje extraño. No había querido hacer más preguntas; tal y como le había aconsejado Lynne, ¡tenía que confiar! Aquella gente era buena, la estaban cuidando y no había ningún motivo real para sentirse amenazada.

Quería librarse de esos prejuicios, esa manía suya de dar por hecho que iban a engañarla o robarle si no estaba atenta.

Y eso era precisamente lo que quería sanar, lo que pediría a esa medicina que estaba a punto de tomar. ¿Por qué era así? ¿Qué tenía dentro que le hacía ver las cosas de esa manera?

Sin embargo, no estaba segura de si eso que le había dicho Sarah de que tenía que hablar con la medicina era literal o metafórico. ¡Hablar con un vaso sería bastante cómico! Pero nadie la vería, así que le pareció una idea divertida y empezó a hablarle a aquel denso líquido.

—A ver, vasito de medicina extraña. ¿Me vas a ayudar? ¿Puedo pedirte que lo hagas?

Por supuesto, el vaso no contestó, aunque ella tampoco lo esperaba. Cerró los ojos y trató de conectar con la medicina mentalmente, deseando con todas sus fuerzas curar esa herida. Y, de un solo trago, se la bebió.

—¡Puaj! ¡Qué asco!

Nunca había probado un jarabe tan malo y amargo. Menos mal que Sarah le había dejado una botella de agua en la mesita; se enjuagó con ella para quitarse el mal sabor de boca y la escupió en un cubo naranja que había al lado de la cama. ¿También lo había dejado allí Sarah? En cualquier caso, ya estaba hecho. Se lo había tomado sin hacer preguntas, confiando y dispuesta a ver lo invisible que había en ella.

Se recostó de nuevo y esperó a que la medicina hiciera efecto. Pasaron varios minutos y, la verdad, no sentía absolutamente nada. ¿Se trataría de un placebo? A veces esas cosas funcionan por autosugestión y, como decía Lynne, la mente es poderosa. Si creía que se curaría con aquella medicina, lo haría, pero si era consciente de que era un engaño de su mente y que la medicina en sí no tenía efecto..., ¿serviría de algo? Mientras trataba de dar respuesta a estas preguntas, empezó a sentirse mareada, tal y como le había avanzado Sarah.

Era un leve mareo, pero a medida que pasaban los minutos fue intensificándose. De hecho, estaba muy mareada, bastante, como si se hubiera tomado varios tequilas. O eso suponía, claro, ya que ella no bebía alcohol, solo alguna copita de vino en ocasiones especiales. El caso es que aquel mareo no dejaba de aumentar, tanto que sintió unas ganas inmensas de vomitar, cosa que hizo una y otra vez en aquel cubo naranja que ahora entendía por qué estaba allí. ¿A eso se había referido Lynne con lo de expulsar lo que le hacía daño?

Espera... ¿Y si la habían envenenado? ¡Podría ser! No quería pensar mal, de verdad que lo intentaba, pero era una posibilidad, quizá para robarle su dinero que, aunque no era mucho, seguro que a aquellas personas les vendría bien. ¿Y Lynne? ¿Se llevaría su comisión? ¿Cómo había sido tan tonta de nuevo?

Se sentía fatal. Todo le daba vueltas, su estómago no paraba de rugir y, para colmo, sus intestinos comenzaban a exigir alivio. ¿Aún podía quedarle algo dentro? Trató de levantarse como pudo de la cama para dirigirse al baño, pero la falta de fuerzas hizo que se tambaleara y cayera, con tal mala suerte que el cubo de vómito se derramó a su lado. Las náuseas le dieron ganas de vomitar aún más y llegar al baño se convirtió en una misión imposible.

Aquello era bastante vergonzoso. Nunca en la vida lo había pasado tan mal ni se había visto en una situación tan bochornosa y tan poco higiénica, por decirlo de alguna manera. Pero enseguida dejó de importarle, ya que del charco anaranjado que se había formado a su alrededor empezaron a salir gusanos e insectos que bailaban en plan cabaret agitando unos sombreros de copa negros entre miles de figuritas geométricas de colores que se desplegaban y se multiplicaban dando vueltas como en un caleidoscopio.

De pronto oyó voces que le resultaron familiares. Lynne y Sarah acababan de entrar en la cabaña para comprobar que todo iba según sus planes.

—Tiene alucinaciones.

—Sí, la medicina ya está haciendo efecto. Ha empezado a purgar, pero aún no lo suficiente.

—En cuanto empiece a ver dentro, purgará de verdad.

—Pobrecita, está librando una gran lucha interna. ¿Crees que llegará arriba?

—No lo sé, no estoy segura, su mochila aún pesa demasiado.

—Y está excesivamente asustada. No sé si la montaña le permitirá llegar a la cima.

—Lo primero es sanar y limpiarse por dentro. Después, ya veremos.

—Eso es, todo a su tiempo, paso a paso, sin saltarse etapas. Limpiémosla y devolvámosla a la cama para que pueda continuar su proceso.

Brianne notó que la limpiaban y cuidaban, y eso la tranquilizó. La música se fue apagando poco a poco, fundiéndose con voces lejanas que no conseguía oír con nitidez. Los bichos regresaron por donde habían venido, despidiéndose con un cómico saludo teatral que la hizo reír. Aún delirando, se dejó arropar en la cama. ¡Tenía mucho frío!

Vio que las dos figuras de Lynne y Sarah salían de la habitación y se cruzaban con otras dos que entraban. Veía borroso, pero reconoció claramente a... ¡Frank y Rose! ¡Sus padres! ¿Qué hacían ahí? Frank se dirigió a Brianne, advirtiéndole de que no se fiara de nadie, de que fuera con los ojos bien abiertos porque ¡al menor despiste se la pegarían! Ella no podía responder. Tenía una especie de nudo en la garganta que le impedía hablar. Y la medicina seguía haciendo de las suyas en su interior, revolviéndole las entrañas con fuerza y provocando más vómitos. Rose, su madre, lloraba porque le habían dado mal el cambio en una tienda y Frank no paraba de reprocharle lo despistada que era, lo mucho que les había costado ganar ese dinero como para dejar que otro se lo quedara sin más.

Brianne escuchaba atónita. Su padre estaba obsesionado por el dinero y era muy desconfiado, tenía miedo de perder los pocos privilegios que había conseguido, y Rose, su madre, se sentía culpable por no saber controlarlo bien y dejarse engañar. Brianne había crecido aprendiendo eso. Admiraba y respetaba a su padre y había seguido su ejemplo, incluso había estudiado Económicas para evitar esa escasez que tanto temía y para demostrarle que era capaz de generar mucho dinero. Y, al igual que su madre, quería evitar a toda costa que la engañaran para no sentirse culpable, para no decepcionar a Frank y probar que valoraba el dinero como correspondía.

En ese momento, su padre dio un beso a su madre, la cogió de la mano y salieron de la habitación. Brianne se quedó sola, intentando digerir lo que había visto. Acudieron más imágenes de su pasado a su mente, momentos que tenía olvidados pero que la habían marcado. Como aquella vez que un niño de la escuela le robó los deberes, o cuando una mujer mayor se le coló en el supermercado aprovechando que ella se había alejado un momento de la fila para hablar por teléfono. ¡Eran tonterías sin importancia! ¿Acaso esas pequeñeces le habían hecho desconfiar de la gente?

Seguía mareada y muy revuelta por dentro. Vomitó de nuevo y, sin saber por qué, se echó a llorar desconsoladamente, como si tuviera muchas lágrimas pendientes de llorar desde hacía años. Lloró y lloró hasta que, con la almohada empapada de sal, se quedó dormida.

9

El ascenso

Al día siguiente Brianne se despertó sintiéndose muchísimo mejor. Una de las mujeres del primer día estaba sentada en una silla de la habitación y la miraba con atención, seguramente a la espera de que despertara para darle el desayuno, que es lo que hizo al instante.

—Muchas gracias.

La mujer asintió a modo de respuesta y Brianne engulló como si llevara días sin comer, pues la única comida del día anterior la había vomitado.

—Cuando termines, Sarah te espera fuera. No hay prisa. Puedes ducharte y vestirte, te he traído algo de ropa.

—Pero ya tengo, no hace falta.

—Aquí hace mucho calor y nuestros tejidos están preparados para soportarlo. Además, te sentirás una más del poblado si vistes como nosotros.

Brianne miró la ropa que había encima de la silla. Era una especie de túnica naranja como la que vestía Lynne el día anterior. Sarah y su hija también las llevaban, y el resto de la gente del poblado, como comprobaría más tarde. La mujer se retiró y ella terminó de desayunar. En la ducha pensó en lo que había soñado el día anterior. ¿Fue un sueño o quizá un delirio provocado por la medicina? No le apetecía demasiado acordarse de los bichos bailarines y los fractales de colores mezclados con su vómito, pero lo peor había sido ver a sus padres y sentir en carne viva la herida de la desconfianza y la dependencia del dinero.

Aún tenía mucho que reflexionar, pero antes quería salir a despejarse un rato. Se puso la túnica y cogió su bastón, no sin antes comprobar que Kundha estaba bien. Se había convertido en algo así como en su mascota... ¡Menuda extravagancia! Y, por cierto, ¿tenía que alimentarla?, ¿habría dormido durante la noche? No la había visto comer ni dormir desde que llegó, pero se dio cuenta de que no sabía absolutamente nada sobre las serpientes. Si tuviera internet, preguntaría al oráculo mundial que todo lo sabe (¡Google!) sobre los hábitos de esos reptiles. Aunque acto seguido pensó que, si hubiera tenido que hacer algo por Kundha, Lynne se lo habría dicho, así que dejó de preocuparse y salió de la cabaña con el bastón.

Hasta entonces solo había visto a las siete personas que entraron en su cabaña el día anterior, pero sin duda había muchas más a juzgar por el alboroto que se oía fuera.

—Vamos, Kundha, descubramos el poblado. Aunque tú seguramente ya lo conoces. ¿A cuántas personas antes de mí habrás acompañado?

Sarah la estaba esperando. Le cogió la mano y se dispuso a enseñarle el poblado, donde, en efecto, vivía un montón de gente. Todos estaban atareados comiendo, tocando algún instrumento, bailando, fabricando artesanías o cocinando. Parecían muy felices. Los niños corrían de un lado a otro riendo y jugando y a nadie le molestaba, ¡al contrario!

Lo más curioso era que, a pesar de ser tantos, cualquiera habría dicho que eran familia. No solo por el ambiente de cordialidad, participación y cooperación que se respiraba, sino porque se parecían mucho, empezando por esos ojos color miel tan interesantes.

—Vaya, Sarah, qué feliz es aquí todo el mundo, ¿no?

—¿Por qué no íbamos a serlo? No tenemos ninguna razón para estar tristes.

—Ya, pero no sé, siempre hay algo. Da la impresión de que os sentís muy libres, como si no tuvierais cargas, problemas o preocupaciones. Eso no es así de donde yo vengo, allí todo el mundo tiene muchas responsabilidades. Pero hay algo que me inquieta... ¡os parecéis todos mucho! ¿Acaso sois familia?

—No entiendo la pregunta.

—Que si sois hermanos, primos..., ya sabes, ¡familia! Tenéis rasgos muy similares.

—Claro, Brianne, todos somos hermanos, hijos de la madre tierra, ¡incluso tú! ¡Todos somos iguales!

—No, no, no... A ver. Yo acabo de llegar, soy de Originia y allí tengo a mis padres y a mi hermana, a los cuales me parezco mucho, ¡sobre todo a mi hermana porque somos gemelas! Y mis hijos se parecen bastante a mí también. Pero yo no me parezco a vosotros porque no somos familia.

—¿Eso crees? ¿Acaso no venimos del mismo sitio? ¡Todos nacemos en la montaña!

—Yo no, acabo de llegar. Nunca había estado aquí. Soy de Originia, un lugar que está muy lejos.

—Quizá no lo recuerdes...

—Qué va, ¡tengo muy buena memoria! Estoy segura de que es la primera vez que vengo.

Sarah se encogió de hombros y un hombre del poblado les hizo un gesto para que se acercaran. Sarah la llevó hasta allí y dijo que debía irse pero que volvería enseguida. El hombre miró a Brianne de arriba abajo, como si la escaneara.

—He oído hablar de ti. ¿Ya te encuentras mejor? Me han dicho que te perdiste en Apathia.

—Sí, no fue fácil llegar hasta aquí, pero ¡lo he conseguido! Y, por cierto, muchas gracias por vuestra hospitalidad, continuaré mi camino en cuanto esté recuperada. ¿Qué pueblo me recomendáis visitar?

—Uy, de eso ni idea; nosotros nunca hemos salido de Desiria, no sabemos qué hay ahí fuera.

Brianne lo miró extrañada. ¿Cómo era posible? ¿Vivían allí y no habían explorado la montaña?

—Pertenecemos a este lugar, y estamos bien, ¿por qué deberíamos irnos?

—Pues no lo sé, para investigar un poco, descubrir nuevos lugares... ¿Y si hay un sitio mejor?

—¿Mejor que Desiria? No lo creo.

—¿Cómo lo sabes si no lo comparas con otro lugar? Si solo conocéis esto, es obvio que será lo mejor porque no habrá nada más.

—Exacto. ¿Y eso no te parece razón suficiente para quedarnos?

Brianne se sintió molesta con esa respuesta porque pensó que aquel hombre tenía razón. Si no conocían otra cosa, ese lugar era la única opción posible y, por tanto, la mejor.

Pero, si no había alternativa, ¿realmente estaban eligiendo quedarse? ¿Era posible la libertad en la ignorancia?

—No siempre somos conscientes de que existe una alternativa, Brianne.

Esa era Lynne. Había aparecido de repente, sin más, interrumpiendo la conversación y apartando a Brianne a un lado.

—La ignorancia es un escudo contra la incomodidad de lo desconocido.

»Muchas veces preferimos pensar que lo que tenemos es lo mejor para no enfrentarnos a la posibilidad de que no lo sea. Eso conllevaría frustración y una sensación de fracaso insoportables, además de tener que lidiar con la obligación de cambiarlo. ¡Eso sí que da miedo! ¿No te ha pasado nunca?

Sí. De hecho, hasta hacía poco había vivido resignada «a lo que le había tocado» en la vida, sin darse cuenta de que merecía algo mejor. No había querido verlo, ya que ello habría supuesto hacer algo al respecto, cambiar algunas cosas y dejar otras muchas. Y eso aterraba a cualquiera y aún más a ella, que por entonces no se sentía capaz de conseguir nada por y para sí misma.

—Sí, Lynne. Tienes razón. Antes pensaba que era feliz porque tenía todo lo que había deseado: una pareja, hijos, una buena casa... Pero por alguna razón me sentía triste y vacía, y eso hacía que me sintiera culpable, ni siquiera me atrevía a pensar que quizá mereciera algo más. Y simplemente me conformé.

—¿Y qué te hizo mirar fuera y pensar que tal vez había algo mejor?

—Toqué fondo, Lynne. Descubrí que mi marido me era infiel de manera sistemática y entonces abrí los ojos y vi que estaba viviendo una realidad falsa: para no sufrir, me había construido una realidad a medida en la que me convencía de que todo era perfecto. Pero el dolor fue tan grande que desperté, fue como si me dieran un buen bofetón para que espabilara.

—Así es. El dolor es, muchas veces, nuestro despertador. ¿Y qué hiciste entonces?

—Pues salí de ahí. No estaba convencida de que hubiera algo mejor, pero sí sabía que lo que tenía no me gustaba y no lo quería más.

—Te entiendo, no es fácil dejar atrás lo conocido para salir en busca de algo más deseable sin tener la certeza de que exista. Hace falta mucho valor.

—Mucho, pero me di cuenta de que salir de un lugar es el primer paso para entrar en otro. Si te quedas donde estás, no existe esa posibilidad; además, una vez fuera, todas esas opciones se ven mucho más claras que cuando estás ciega en la comodidad del desconocimiento.

—Así es, Brianne.

—¡Entonces tenemos que convencerles de que salgan! ¡No saben lo que se están perdiendo!

—Si cuando estabas con Óscar, alguien te hubiera dicho que no estabas en el lugar adecuado y que dejaras tu vida para ir en busca de otra diferente, ¿lo habrías hecho?

Brianne se quedó pensativa.

—No, no lo habría hecho. En aquel momento pensaba

que lo que estaba viviendo era mi única opción, no creía que hubiera nada mejor para mí. Así que no la habría dejado, tienes razón. No habría sido capaz de ver que no era feliz y que podía elegir otra cosa aunque me lo hubieran dicho.

—¿Ves? Cada persona tiene su propio ritmo y no debemos interferir en su camino, tenemos que respetar la etapa en la que se encuentran los demás y saber que, desde ahí, no pueden ver lo que vemos nosotros desde la nuestra. ¿Recuerdas que cuando estabas en el desierto no veías el camino, pero yo sí lo veía? Yo iba por delante a pesar de estar a tu lado, ¡jugaba con ventaja!

Eso era cierto. Brianne no lo veía, igual que tampoco lo veía cuando se victimizaba en su relación sin saber que ella podía decidir que las cosas fueran de otra manera.

—Los viajes se hacen con avances, retrocesos y periodos de reposo. ¡Y todas esas etapas son necesarias! Tú no despertaste hasta que tocaste fondo. ¡No hiciste nada hasta que abriste los ojos! Pensabas que eras feliz, no sabías que no lo eras. Deja que ellos experimenten su propio despertar y tú estate atenta para no volver a quedarte dormida. Es fácil caer en la tentación de aceptar aquello que no te corresponde por miedo a buscar lo que sí es para ti.

—¿Y cómo puedo saber si estoy despierta o dormida? Es complicado...

—¡Busca siempre tu dolor! Una ausencia, una carencia, no sentirte plena o completa, no tener claridad ni paz de espíritu, sentir desasosiego... Eso es dolor. Si lo ignoras, estarás dormida, ¡como Kundha! Ella solo duerme cuando tú duermes. Si la ves con los ojos cerrados significará que duermes, aunque no lo creas. Muchas veces dormimos con los ojos abiertos y solo por eso creemos que estamos despiertos.

Brianne miró rápidamente a Kundha. Estaba despierta, ¡menudo alivio!, seguía enroscada en su bastón mordiendo la empuñadura. Se dio cuenta de que, de nuevo, Lynne tenía razón. Solo cuando despertó en su relación y vio de verdad cómo era, fue consciente de que había estado dormida durante mucho tiempo.

**—El dolor siempre está ahí,
lo queramos ver o no. Solo el camino
del autoconocimiento puede ayudarte
a reconocerlo y sanarlo.**

»Sin embargo, se trata de un camino de búsqueda infinita, un camino eterno que, como estás viendo, no es fácil ni cómodo, sino cuesta arriba. Y para subir cualquier pendiente hace falta determinación y esfuerzo.

—¿Un camino eterno? ¿Quieres decir que nunca llegaré a la cima? ¿Cómo obtendré entonces las respuestas del oráculo? Porque el oráculo existe, ¿verdad?

En ese momento llegó Sarah.

—Menos hablar y más comer, ¡vamos!

La caída

¡Vaya, qué oportuna! Brianne se había quedado de nuevo sin respuesta sobre si el oráculo existía o era una leyenda, pero lo de comer le parecía estupendo. Un pequeño grupo se había unido al hombre con el que había conversado y les estaban haciendo señales para que compartieran con ellos lo que parecía ser pollo con arroz. Comían con las manos, sin cubiertos, y dejaban caer los huesos donde fuera. ¿Cómo podían ser tan poco cívicos? En aquel poblado era como si reinara la ley del mínimo esfuerzo, ni siquiera les molestaban los restos de comida esparcidos por el suelo y con los que tropezaban una y otra vez.

Ella no compartía ese tipo de hábitos; había educado a sus hijos para que utilizaran los cubiertos de forma correcta y no dejaran nada tirado. Pero en aquel momento el desentendimiento de los habitantes de Desiria le dio un poco de envidia. Una existencia sin culpas ni cargas, libre de preocupaciones y responsabilidades... ¿Quién no querría eso? Aquellas personas parecían estar en el paraíso, se chupaban los dedos después de cada bocado con una sonrisa, se entregaban generosamente a sus instintos y a los placeres de la vida. ¿Nada les preocupaba? Vivían el presente de manera tan radical que ahí tenía que haber gato encerrado.

—Sarah, ¿puedo hacerte una pregunta?

—Por supuesto, dime.

—¿No hay nada que os preocupe?

—¿Como qué?

—Pues no lo sé... El futuro, por ejemplo.

—El futuro no existe, solo tenemos este momento. Además, eso se escapa a nuestro control; aceptamos la voluntad del espíritu de la montaña, él es quien nos protege.

—Ya, pero, quiero decir... ¿Y si llueve tanto que las cosechas se echan a perder? ¿Y si un animal salvaje acaba con el ganado? ¿Y si os ponéis enfermos?

Sarah la miraba extrañada, y Brianne se dio cuenta de que acababa de enumerar unos cuantos «ysis», esos que se había prometido no volver a mencionar.

Reconoció que el miedo a la incertidumbre y a los posibles peligros del futuro la inquietaba y condicionaba su presente.

Terminaron de comer y Sarah insistió en que volviera a la cabaña a descansar, así que la acompañó hasta allí. A mitad de camino, Brianne vio una señal que no esperaba.

—¿Cómo que kilómetro 100? ¡Si seguimos en Desiria! ¡No hemos avanzado hacia la cima!

—Tú sí, Brianne. ¿No es allí adonde quieres ir? Pues ya estás más cerca.

Necesitaba asimilar aquello, porque le resultaba muy muy extraño. Unos días de descanso, como decía Sarah, no le iban a venir mal, ¡en la montaña era todo muy diferente!

Las jornadas transcurrían con lentitud: comer, beber, paseos, curas y mucho descanso. Una y otra vez. Y aunque se sentía cada vez mejor y notaba que muchas de sus heridas sanaban poco a poco, la espera se le hacía larga. Ni siquiera las actividades grupales en las que participaba a diario le hacían los días más amenos. La vida allí le resultaba un tanto anodina, todo era como si estuviera ya decidido y dispuesto por los dioses, los espíritus, la montaña o cualquier otra cosa fuera del alcance de aquellas personas. Ni la natalidad, ni su salud, ni las cosechas ni la caza parecían depender de ellos.

¿Acaso aceptaban todo lo que ocurría sin más? Era como si hubieran delegado su poder personal no se sabía bien en quién. Nadie decidía nada, nadie destacaba sobre los demás, simplemente aceptaban lo que sucedía sin cuestionarlo, como si ellos no pudieran hacer nada. Era una especie de paraíso sin normas, sin culpas ni responsabilidades o propiedad privada, ¡todo era de todos! La lealtad y la amistad eran los valores más preciados, y la supervivencia como grupo era lo único que les importaba. Pero ¿de verdad eran libres? ¿Qué sentido tenía la vida si no se podía conseguir nada por uno mismo? Aquello no era para Brianne, ella quería desarrollar todo su potencial y ser ella misma, no una más. Así que decidió hablar con Lynne y comunicarle su decisión de marcharse tres días antes de lo previsto.

—Lynne, creo que ya estoy lista para continuar. ¿Podemos irnos?

—¿Ya? Pero aún no ha terminado tu periodo de reposo y sanación.

—Lo sé, pero ya estoy bien, me siento capaz de continuar el viaje, mis heridas terminarán de curarse por el camino.

—Pero, Brianne, los ritmos no los marcas tú, sino la montaña. Debes tener paciencia. Si no te das un tiempo de reposo para realizar la transición, el cambio no llegará. ¿No querías reprogramarte para tomar mejores decisiones? A eso has venido, ¿no?

—Sí, pero no creo que aquí esté cambiando nada, ¡todos los días son iguales! No avanzo, estoy aquí parada y tengo mucho camino por delante.

—Te equivocas.

»Nada permanece igual; aunque no te des cuenta, todo está en continuo cambio. Aunque a veces los progresos son sutiles.

»Cuando por la noche miramos las estrellas, no somos conscientes de que poco a poco se está haciendo de día, ¡nos estamos moviendo de nuevo hacia el sol! Nada dura para siempre, ni siquiera lo malo.

Brianne pensó que quizá tuviera razón. Cuando se sentía atrapada en su relación, pensaba que duraría para siempre, que nunca terminaría ni podría salir de ahí. Y, sin embargo, ¡todo pasó! Sin saberlo, se estaban gestando cambios en su interior, cayó y cayó hasta tocar fondo y entonces pudo salir de ahí de un salto.

—La oscuridad se hace más y más oscura hasta que ya no puede serlo más y solo entonces empieza a convertirse, de manera paulatina pero inevitable, en luz. Es parte del proceso.

—Así es, Lynne, yo tuve que vivir muchos años en la oscuridad para brillar como brillo hoy. Sin ellos no sería quien soy ahora, pero... ¡fueron demasiados! Diecisiete ni más ni menos. La verdad es que me habría gustado acelerar el proceso.

—Ya, pero, a ver ¿podías acortar, por ejemplo, tus embarazos? Seguro que te morías de ganas de ver a tus hijos, pero tuviste que aprender a disfrutar del proceso esperando a que nacieran, ¿no?

—Así es, ¡nueve meses eternos!

—La prisa es mala consejera, Brianne, ya lo sabes. Los cambios van a su ritmo, necesitan un tipo de gestación, ¡igual que tus hijos! Es el tiempo que necesitamos para prepararnos para ellos. Y tu descanso aquí es necesario para prepararte para todo lo que está por venir. ¡Debes estar fuerte!

—Tienes razón. Los descansos son necesarios, igual que el leñador se toma un tiempo para afilar su hacha y así talar mejor los árboles.

—Muy bien, vas aprendiendo.

Brianne sonrió. Se tomaría el resto de sus días en Desiria con tranquilidad, disfrutando de esa calma que seguramente no tendría después.

—Todo forma parte de un movimiento pendular perpetuo que va de un lado al contrario. Y ese péndulo va a su ritmo, ¡el justo y necesario para que las cosas ocurran como deben ocurrir!

»En el mismo momento en que algo alcanza la cima, empieza a declinar. Y en cuanto algo nace, empieza a morir.

—Entonces ¿nada es permanente? ¿No podemos hacer que algo dure para siempre? ¿Que las cosas se queden como están?

—No, Brianne, ¡lo único constante es el cambio! Unas cosas evolucionan a partir de otras, una acción provoca una reacción que a su vez es una nueva acción, un movimiento de subida va seguido de otro de bajada, ¡y así indefinidamente!

—¡Vaya mareo! Ir y venir, entrar y salir, subir y bajar... Y hablando de subir, ¡yo quiero ir a la cima! ¿Crees que llegaré? No tengo intención de quedarme ahí mucho tiempo, solo quiero obtener respuestas.

—Aunque quisieras quedarte para siempre, no podrías, ¡nadie puede! Llegar a la cima, a lo más alto, supone tener que bajar después, porque es el único movimiento posible, ¡ya no se puede subir más!

Brianne pensó no solo en los buenos momentos que había vivido, que en efecto no habían durado para siempre, sino también en la gente de éxito que conocía en su entorno y gracias a los medios de comunicación. Llegaban a lo más alto en su profesión, pero mantenerse allí no solo era difícil, era imposible. Al fin y al cabo, las cimas son espacios pequeños donde no cabe mucha gente, así que antes o después los que han llegado deben dar el relevo a los que están ascendiendo. El sufrimiento y la frustración de querer quedarse allí de manera indefinida y no asumir que en algún momento había que bajar provocaba depresiones, problemas de adicción y otras muchas desgracias que ocurrían a diario entre famosos que habían dejado de serlo o grandes empresarios que se habían arruinado, por ejemplo. Se dio cuenta entonces de lo importante que era aceptar que todo tiene un final, tanto lo bueno como lo malo; esa conciencia te permitía disfrutar de lo primero y soportar lo segundo. El enamoramiento, la fama, el triunfo o la gloria no son sostenibles, pero tampoco el desamor, el fracaso o cualquier otra penuria. Y eso es genial.

—¿Sabes lo que leí una vez, Lynne? Que la fama es un lugar al que ir de vacaciones, no donde quedarse a vivir. ¡Igual que la cima de esta montaña!

—Así es. Hay experiencias maravillosas de las que disfrutar, pero sabiendo que en algún momento terminarán y se convertirán en otra cosa. Si conquistas la cima de esta montaña, podrás quedarte allí un rato, incluso llegar un poco más allá, como te dijo Piotr. Pero has de saber que las subidas y las bajadas son constantes y, aunque bajes, podrás volver a subir después, ¡todas las veces que quieras!

—Bueno, ahora estoy decidida a llegar arriba, pero no tengo claro que vaya a regresar en otro momento.

—Te aseguro que una vez conozcas la cima, querrás volver a ella siempre que puedas. Pero ahora, concentrémonos en llegar. Querer conquistar la cumbre es normal, pero antes tienes que pasar por los lugares que te conducen hasta ella. Para subir a lo alto de una escalera debes pisar cada peldaño, ¿verdad?, pues esto es lo mismo. Unos serán más altos y otros más bajos, unos más firmes y otros más resbaladizos. Todos diferentes, pero todos necesarios para llegar arriba.

Sí, eso era obvio. No iba a llegar a la cima de un salto, pero no tenía ni idea de cuál sería el siguiente peldaño. Al ver su cara de confusión, Lynne intervino.

—No es tan difícil. Aprende de quien haya llegado antes que tú.

—Es que no conozco a nadie que haya llegado a la cima de esta montaña.

—Puede ser cualquier otra, ¡la técnica es la misma! Seguro que conoces a alguien que escale montañas y sepa cómo llegar arriba.

Se quedó pensativa, ¡no conocía a nadie! Pero cerca de su casa en Originia había montañas que eran escaladas por...

—¿Cabras montesas?

—¡Ja, ja, ja! Sí, esas también. Pero me refería a los escaladores profesionales. ¿Qué hacen para avanzar en su ascenso?

—No me digas que voy a tener que escalar... ¡Si ya me cuesta caminar!

—¡Que no, Brianne! No me estás entendiendo. Los escaladores se van apoyando en distintos puntos y avanzan

poco a poco usando anclajes y fijaciones en diferentes lugares. Una vez asegurados en uno, buscan el siguiente punto
que les ayude en su ascenso, uno cercano al que puedan
llegar con facilidad. Y solo se fijan en eso, en el siguiente
punto de anclaje. Saben que esos pequeños «pasos» o «peldaños» les conducirán arriba, antes o después. Respetan el
ritmo de subida y no tienen prisa, porque su éxito y su satisfacción reside precisamente en esas pequeñas conquistas, esos diminutos avances hacia la cima.

—Ya entiendo. Entonces tengo que buscar mi siguiente punto de anclaje, ¿no?

—Eso es. ¿Qué pequeño paso has de dar para seguir
ascendiendo? Descansa y tómate tu tiempo para pensar
qué necesitas aprender para avanzar. Ah, y no olvides escribir la siguiente ley de la montaña en tu pasaporte; en
esta ocasión, si es correcta, te lo sellará Sarah. Ya sabes que
sin el sello no podrías continuar.

¡Buf! Ahora sí que tenía trabajo. No solo debía averiguar dónde quería ir, sino cuál era esa segunda y misterio-
sa ley.

Los siguientes dos días no dejó de pensar en ello, pero,
cuanto más se esforzaba, más confusa estaba. Tumbada en
la cama, con la mirada fija en el techo, intentaba no pensar
en nada, pero mil pensamientos pasaban por su cabeza:
desde el viaje en el Ferrari hasta su primer encuentro con
Kundha. Era tan especial ir acompañada por una serpiente
a todos lados... Empezaba a cogerle cariño, pensó que le
resultaría raro estar sin ella cuando dejara la montaña. Se
giró para mirarla y ¡estaba dormida!

¿Cómo podía ser? Brianne estaba despierta, ¡segurísimo!, ¡si hasta se dio un buen pellizco para comprobarlo!, pero Kundha no despertaba. Lynne le había dicho que, para despertar, tenía que observar su dolor, eso que le faltaba, eso que la inquietaba y no le permitía estar tranquila, pero ¿qué era? Suspiró y sintió cómo el aire salía de ella. Inspiró de nuevo, volvió a espirar y repitió la operación varias veces; dejaba que el aire la llenara y después saliera de ella y la vaciara. Inhalar, exhalar... Inhalar, exhalar...

—¡¡¡Eso es!!! ¡El péndulo! Tengo que buscar lo contrario, lo complementario, ¡la otra cara de la moneda! ¡Ese es el siguiente paso! ¡Ahí es adonde debo ir!

Kundha la miraba fijamente. ¿Se habría despertado por el grito o porque Brianne, por fin, había abierto los ojos?

Brianne se levantó, buscó el pasaporte y anotó la segunda ley. Preparó la mochila, cogió el bastón y fue en busca de Sarah. La encontró tejiendo unas pulseras de colores con su hija, las dos apoyadas en un cartel que ya no la sorprendió lo más mínimo.

Se dio cuenta de que ese kilometraje era exclusivo para ella, pertenecía a su camino y solo cambiaba cuando algo cambiaba en ella, cuando decidía dar un paso y salir de donde se encontraba. En el desierto, dejó la vergüenza de sentirse miserable y apareció la culpa; abandonó la culpa y la embargaron la apatía y la desesperanza, que después se transformaron en sufrimiento. Y en el poblado, el sufrimiento y la pena que sentía por su trágica vida dieron entrada al miedo y la desconfianza. Ahora todos sus temores habían desaparecido y sentía deseo e ilusión por lo que estaba por venir. ¡Eran los peldaños de su escalera, los anclajes de su ascenso en la montaña! Unos más altos y otros más bajos, unos más accesibles y otros menos. ¡Por eso no todos los kilómetros eran iguales pero sí igual de necesarios! Simplemente marcaban su progreso, ¡y ella marcaba el ritmo de su aprendizaje!

Llena de entusiasmo y energía, entregó su pasaporte a Sarah, que la miró con una gran sonrisa. Lo abrió, leyó lo que Brianne había escrito, y estampó el sello.

SEGUNDA LEY:

Todo se mueve como un péndulo y va a su propio ritmo, igual que yo. Hay periodos de avance y retroceso, de ascenso y descenso, de flujo y reflujo. Cada movimiento en un sentido compensa el movimiento contrario.

POTESTIA

La ciudad del yo

Como era de esperar, justo en ese momento apareció Lynne.

—Vaya, veo que ya estás lista, Brianne. ¿Ya sabes adónde vamos?

—¡Eso creo! Quiero encontrar un lugar opuesto a Desiria, donde cada persona sea autónoma y tome sus propias decisiones sin esperar que los espíritus, la magia o los demás resuelvan sus problemas. Que lo individual esté por encima de lo colectivo, donde las identidades no se disuelvan dentro del grupo y cada persona tenga su propio poder. ¡Y yo quiero el mío!

—Creo que conozco un lugar así. Se llama Potestia.

—Potestia... ¡Suena bien! ¿Es otro poblado?

Lynne se limitó a sonreír.

Brianne se despidió de manera especial de Sarah, que le llevó comida para el camino y algo de agua.

—Buen viaje, ¡te echaremos de menos! Ojalá encuentres lo que buscas.

—Seguro que sí, ¡me acordaré mucho de vosotros! ¡Gracias por todo!

Lynne, Brianne y Kundha comenzaron a alejarse del

poblado poco a poco. Brianne se sentía muy agradecida por la hospitalidad de los habitantes de Desiria y por las enseñanzas de Lynne, que, muy al contrario de lo que había pensado en Apathia, estaba resultando ser la mejor guía que había tenido nunca. ¿También las opiniones y sentimientos iban de un polo al otro según se tenían más experiencias e información acerca de las personas?

Pensó que quizá Lynne y Piotr no estuvieran tan locos como había creído al principio y que tenían razón en lo de que el tiempo y el espacio en la montaña eran relativos. Cada vez se sentía más a gusto, aunque, por más que caminaban, no llegaban a ningún lugar. ¿Y si se había vuelto a dormir y estaba estancada? Miró a Kundha y vio que estaba despierta. ¡No entendía nada!

Lynne la tranquilizó.

—Si sabes adónde vas, cada paso, ya sea grande o pequeño, te acercará a tu destino.

»Ten paciencia. Ya sabes que todo tiene su ritmo y que no debes forzar las cosas ni pretender acelerar el proceso. Si estás cansada, podemos parar a descansar un rato.

—Pero si nos detenemos tardaremos más en llegar.

—¿Otra vez, Brianne? ¿Acaso no has entendido que los descansos son parte del camino? Quizá necesites detenerte a afilar tu hacha, ¿no crees?

Sí, lo había entendido, pero a veces lo olvidaba. No era fácil incorporar nuevos hábitos y aprendizajes en su programación, y menos cuando eran tan insólitos para ella.

Le pareció bien hacer una pausa, habían caminado un

buen trecho y empezaban a dolerle las piernas. Cuando volviera a casa debía hacer más ejercicio, lo tenía claro; no estar en forma le estaba pasando factura en ese viaje. Se sentaron bajo lo que parecía un limonero para disfrutar de su sombra. No tenía reloj donde mirar la hora, pero intuía, por la posición del sol y porque el calor empezaba a apretar, que ya era casi mediodía. Para colmo, un limón le cayó en la cabeza.

—¡Auch! ¡Menudo limonazo!

—Es una lima. Se parece a un limón pero es una fruta diferente. Guárdala, te vendrá bien más adelante.

—¿Para qué? ¡Está dura como una piedra! Como no la utilice para partir nueces...

—En la montaña nada es casual. Si ha caído sobre ti, será por algo. Acéptala como un regalo de la montaña, ¡ya averiguarás qué uso le puedes dar!

Miró la lima, redonda y pequeña, y, aunque no demasiado convencida, se la guardó en el bolsillo. Al levantar la vista de nuevo, Lynne ya no estaba. ¿Por dónde se habría ido? Vio a lo lejos un aire denso, como el que flota sobre las ciudades con mucha contaminación. Debía de ser Potestia, así que se puso en marcha.

Al rato llegó a lo que parecía una ciudad normal y corriente, con sus edificios, carreteras, coches y un montón de gente que iba de un lado para otro con prisa.

¿Y ahora qué? Nadie había ido a recibirla y Lynne brillaba por su ausencia. Más valía que buscase un hotel para alojarse al menos esa noche. Sin embargo, no veía ninguna señal que indicara la existencia de alguno cerca. Estaba sola, con su mochila y su bastón, como una turista perdida en un país extranjero. Decidió que le preguntaría al primero que pasara, por ejemplo a un señor de unos cuarenta y cinco años al que paró con la consecuente mirada de reproche de este.

—Disculpe, ¿sabe de algún hotel por aquí cerca?

—Señora, tengo prisa. ¡Yo qué sé dónde hay un hotel!

—Vale, vale, perdone...

Vaya, no era para tanto, ¡menudo humor! Brianne siguió caminando por una acera esperando ver, antes o después, alguna señal o algún rostro amigable a quien preguntar. Pero todos los que pasaban, solos o acompañados, parecían más pendientes del móvil que de la persona que tenían al lado, aunque fueran sus propios hijos. Eso le resultaba familiar, ¡en Originia pasaba lo mismo! Brianne no dejaba que sus hijos utilizaran demasiado el móvil, pero reconocía que ella no se aplicaba la misma regla y a veces le costaba desengancharse de ese pequeño aparato.

Y hablando de móviles, ¿por qué el suyo no funcionaba y el de aquella gente sí? ¿Por qué tenían que decidir otros por ella si con su teléfono disfrutaría más o menos del viaje? ¡Qué injusto! Pensó en cuando les quitaba el móvil a sus hijos, porque ya habían estado suficiente tiempo pegados a la pantalla, y ellos le decían que las reglas deberían ser iguales para todos. Pero ¡le sería tan útil su móvil allí! Con él encontraría alojamiento, o al menos se orientaría en esa gran ciudad donde todos tenían cara de pocos amigos.

Tras otros tres intentos infructuosos, aceptó que nadie la ayudaría a encontrar un hotel. ¿No buscaba un lugar donde se hicieran las cosas por uno mismo y no en grupo? ¡Pues ahí lo tenía! Cada uno iba a lo suyo, ¡individualismo extremo! Quería lo contrario de Desiria, pero quizá se había pasado y se había ido al polo opuesto. ¿Es que esa ley del ritmo no tenía término medio? Estaba claro que nadie le iba a sacar las castañas del fuego en aquella ciudad extraña, así que decidió parar a comer algo y luego seguir buscando.

Un poco decepcionada con su entrada en Potestia, se sentó en un banco cercano y sacó los tentempiés que Sarah le había preparado: queso, fruta, almendras y un pequeño sándwich. Dejó la mochila y el bastón a un lado y cerró los ojos para saborear el sándwich.

Estaba intentando vivir el presente, tal y como había aprendido en Desiria, sin preocuparse de si comería después o de si encontraría alojamiento.

No sabía de qué era el sándwich, pero estaba delicioso. Sarah era una cocinera estupenda, no como Brianne. ¿En qué era buena ella? ¿El oráculo la orientaría un poco para encontrar su vocación y su propósito? Respiró hondo y repasó mentalmente sus cualidades, pero alguien pasó por allí corriendo y tropezó con ella.

—Señor, ¡vaya con cuidado! ¡Oiga, espere! ¡¡¡Mi mochila!!!

¡Le estaban robando! Llevaba todo el dinero en la mochila, estaba segura de que en Potestia no le darían nada gratis, y no tenía la menor intención de quedarse sin comer y mucho menos de dormir en la calle, así que, ni corta ni perezosa, cogió el bastón y echó a correr tras el ladrón enfadadísima. Enseguida se dio cuenta de que no conseguiría alcanzarlo y comenzó a gritar pidiendo ayuda, pero los transeúntes que pasaban por su lado no le hacían caso.

—¡¡¡Al ladrón!!! ¡Deténganle! ¿Es que nadie me oye?

La gente la miraba como si estuviera loca y seguían su camino sin inmutarse. Brianne entró en cólera. ¿Cómo podían ser así? ¿Acaso no les importaban los demás? ¡Y Lynne no aparecía! ¿No se suponía que acudiría cuando la necesitara? No se le ocurrió otra cosa que coger la lima del bolsillo, apuntar al ladrón y lanzarla con todas sus fuerzas. ¡Menuda puntería! El ladrón se desplomó al momento, y a Brianne le dio tiempo a alcanzarlo y echó mano a su mochila. Pero el ladrón, un joven de unos veinticinco años de pelo castaño, tiraba de ella como si fuera suya.

—Pero ¿qué se cree? ¡Démela ahora mismo! ¡Es mía!

En aquel momento se acercó un policía tocando el silbato y el joven soltó la mochila de inmediato, se levantó y escapó corriendo. Brianne, aliviada, se colgó la mochila, recogió el bastón, comprobó que Kundha estaba bien y trató de recomponerse apoyándose en un cartel que había a su lado.

—¿Está bien, señora?

—Sí, sí, no se preocupe, pero ¡a buenas horas aparece! Menos mal que todo ha quedado en un susto.

—No puede dejar sus cosas sin vigilar, es normal que cualquiera se lo lleve.

—Bueno, ¡normal no es! Hay que tener mucha cara para coger algo que no es tuyo.

—Pero ¿usted de dónde sale? Aquí hay que protegerse y desconfiar de todos. Está usted en Potestia, «la ciudad del yo». ¡Esto es la selva!

¿La selva? La selva era Desiria, llena de animales y vegetación, y allí todos eran amigos, leales y, por supuesto, honestos. Nadie robaba nada porque ya era suyo, quizá esa era la diferencia. Además, justo allí Brianne había aprendido que no debía desconfiar de la gente por sistema. Que alguien hubiera hecho algo malo no significaba que todos los demás lo fueran a hacer también, ¿no?

—Yo creo que vivir así, a la defensiva, no merece la pena. Un poco más de solidaridad no les vendría mal, ¿no cree, señor policía?

—¿Vivir? ¡Querrá decir sobrevivir! Pero así es la vida, una batalla continua, una lucha diaria. Hay que andarse con cuidado y, yo que usted, saldría de las calles antes de que anochezca. No hay policía suficiente para vigilar este lugar.

—Es que no encuentro donde alojarme... ¿Sabe de algún hotel por aquí cerca? Que no sea demasiado caro, si puede ser.

—Conozco uno, pero está lejos, la verdad. Podría coger un taxi, pero usted sola... ¡no se lo recomiendo!

—¿Tampoco me puedo fiar de los taxistas?

—Nunca se sabe, señora. Hay lobos con piel de cordero. Se han dado casos de taxistas que han robado a sus clientes o incluso los han raptado para pedir un rescate. Aunque en su caso no creo que pudieran pedir mucho.

—¡Oiga! ¿Insinúa que no valgo nada?

—No, no, disculpe, pero seamos realistas... En Potestia valemos lo que alguien esté dispuesto a pagar por nosotros, ya sea en un trabajo, en una relación o en un secuestro. Y, en su caso, estando sola, ¿a quién iban a pedir un rescate? Aquí nadie pagaría nada por usted.

¡Menuda bobada! Taxistas secuestradores... Pero era cierto que estaba sola. ¡Solísima! Si le pasara algo, no se enteraría nadie, ni siquiera su familia, que no la esperaba hasta dentro de varias semanas. Quizá ese policía tenía razón y debía andarse con cuidado. Una cosa era no desconfiar y otra confiar demasiado. Pensó que más le valía marcharse cuanto antes y continuar su viaje.

—Iré andando, no se preocupe. Estoy acostumbrada a hacer kilómetros; de hecho, acabo de recorrer veinticinco casi sin darme cuenta.

—¡Pues prepárese para una buena caminata! Siga esta calle todo recto y gire a la derecha en el primer semáforo. No, en el segundo. Y después, gire de nuevo, pero esta vez a la izquierda y siga recto de nuevo unos quince minutos. Cuando llegue a la esquina, encontrará un cartel con el resto de las indicaciones.

12

El contrato

Brianne se despidió y echó andar, pero no tardó en preguntarse qué había dicho el policía. Recto hasta el semáforo, ¿no? ¿Y después? Lo había olvidado. Lo que sí recordó es que Lynne había afirmado que nadie más que ella podía decirle por dónde ir, así que decidió confiar y caminar guiada por su intuición. No le gustaba nada la hostilidad de aquel lugar; pensó que quizá se había equivocado buscando la individualidad, o tal vez había pensado que sería otra cosa. De repente alguien le apoyó una mano en el hombro.

—Cuidado con lo que deseas, Brianne, ¡puede que lo consigas!

—¡Lynne! ¡Qué bien que estés aquí! Tienes razón, no puede haber nada más opuesto a Desiria que esto, pero ahora estoy aquí, y creo que bastante perdida. Necesito encontrar alojamiento para esta noche. ¿Sabes de algún hotel?

—A veces nos equivocamos de ruta, pero lo bueno es que puedes cambiarla... o no. ¡Tú decides!

»Todo ocurre por algo, ya sabes, las casualidades no existen, y tu camino te ha traído hasta aquí. ¡Quizá aprendas algo!

—Dudo que pueda aprender nada en absoluto de esta gente, la verdad. ¡Están demasiado ocupados con sus cosas!

—Pero ¿por qué pretendes que otros te enseñen? ¿No eres capaz de aprender sola de ellos? Sigues esperando que alguien te dé algo o que alguien haga cosas por ti, como si siguieras en Desiria... ¿No querías salir de ahí? Aclárate, Brianne.

Lynne estaba en lo cierto. Se había acostumbrado a que la cuidaran e hicieran todo por ella. En su relación con Óscar pasaba lo mismo: él se ocupaba de casi todo —trabajaba, cocinaba, conducía...—, y la capacidad de Brianne de valerse por sí misma quedaba anulada. ¡Y eso terminó mal!

No estaba dispuesta a repetir la experiencia de depender de nadie, y menos aún en un lugar donde el egoísmo parecía el motor.

Así que le dio la razón a Lynne, y su guía la acompañó amablemente hasta un hotel que resultó estar a solo tres calles. ¿Por qué no lo había visto? Si hasta tenía la sensación de haber pasado antes por allí...

Al llegar a la puerta, Lynne se despidió. Tenía que atender otros asuntos, pero prometió volver muy pronto. Brianne le agradeció la ayuda y la observó alejarse hacia a saber dónde. ¿A su hotel? En algún sitio debía de haberse cambiado, porque lucía una preciosa túnica amarilla que parecía ser lo único que brillaba en aquel lugar mustio y apagado.

Brianne entró en el hotel. Tras el mostrador de recepción se encontraba un señor de pelo grasiento y con una barriga tan grande que la camisa no llegaba a cubrirla.

—Hola, buenas tardes. ¿Tienen habitaciones disponibles?

—Nos queda una habitación. Si la quiere, puede quedársela. ¡Pagando, claro!

—¡Por supuesto! ¿Cuánto vale? Solo sería una noche.

—Una noche son cuarenta y tres ouros, desayuno incluido.

—¿Ouros? Querrá decir euros.

—No, no, ouros. De estos, ¿ve?

Don Umberto, que así se hacía llamar aquel señor, según indicaba la placa de su sucia camisa, le enseñó un par de billetes igual de iridiscentes que Kundha y unas cuantas monedas que, como los billetes, tenían grabada una serpiente enroscada por un lado y la montaña de siete colores por el otro.

—Los céntimos de ouro se llaman boros, pero con ellos no podrá pagar gran cosa.

—Vaya, nunca había oído hablar de esta moneda...

—Es la moneda de la montaña, la única que aceptamos aquí.

—¿Quiere decir que no aceptan euros? ¡Pues es lo único que he traído! Me lo podrían haber advertido antes... ¿Dónde hay una oficina de cambio?

—Aquí no hay de eso, señora. Si ha venido sin ouros,

tendrá que conseguirlos. Si no paga, lo siento mucho pero no podrá alojarse aquí.

—Claro, claro... No pretendía alojarme gratis, pero si no hay oficinas de cambio, ¿cómo puedo conseguir ouros?

—¡Pues trabajando! ¡Como todo el mundo! ¿O cree que el dinero cae del cielo?

—Pero es que yo he venido de vacaciones, soy turista. No he venido a buscar trabajo ni a quedarme a vivir aquí. Es solo una noche y necesito alojarme en algún lado.

—Ese no es mi problema, señora. A mí me pagan para alquilar habitaciones, no para regalarlas.

Brianne lo comprendía, pero ¿qué podía hacer? Quería pagar, sin embargo, ¡no tenía manera de hacerlo! ¿Por qué Lynne no le había dicho nada de todo eso? Probablemente ella podría prestarle algo de dinero para pasar la noche, pero ni sabía dónde se alojaba ni podía llamarla por teléfono. La necesitaba, de modo que solo tenía que tranquilizarse y aparecería... Y si no, sería porque en realidad no la necesitaba. Quizá fuera uno de esos momentos en los que tenía que valerse por sí misma, asumir sus responsabilidades sin esperar que nadie le solucionara los problemas. Así que ahí estaba, sola y con uno bien gordo. Bueno, dos: el problema y el señor de la recepción, que empezaba a impacientarse.

—Señora, decídase. ¿Se queda o se va? No tengo todo el día.

—¡Me quedo, me quedo! ¿Sabe dónde puedo encontrar trabajo? A lo mejor usted tiene algo que ofrecerme...

—Aquí solo estamos mi mujer y yo; si le diéramos nuestro trabajo, nos quedaríamos sin. Pero a dos manzanas de aquí hay un taller de confección textil y siempre están contratando gente. Pruebe allí, seguro que tienen alguna vacante.

—¿De confección? Yo no tengo ni idea de coser... Y no creo que me guste, la verdad.

—Pues si no sabe, aprenda, ¡como hacemos todos! Y si no le gusta, ¡se aguanta! ¿O cree que yo estoy aquí por gusto? Me paso un montón de horas detrás de este mostrador por un salario muy bajo. Y mi mujer limpiando la porquería de otros, que es aún peor. ¿Qué otra cosa podemos hacer? Trabajar para vivir, señora, o vivir para trabajar, según quiera verlo. Al final lo mismo da.

—De acuerdo, no se preocupe. Mañana mismo iré a preguntar si tienen trabajo para mí y le pagaré.

—¿Mañana? No se equivoque, señora, aquí primero se paga y después se entrega la llave. ¡No nos fiamos de nadie!

—Pero es tarde, hoy ya no voy a trabajar, ¡y menos aún voy a conseguir que me paguen antes de empezar! ¿Podría dejarle algo en garantía?

El recepcionista se quedó mirando el bastón de Brianne. ¡Ni hablar! Ese hombre era capaz de merendarse a Kundha en un plis plas, vista la panza que tenía. No podía dejar allí su bastón, pero ¿qué otra opción tenía? De repente tuvo una idea.

—¡Espere! ¿Le sirven mis pendientes? Son carísimos, el único regalo que me hizo mi exmarido. Con mi dinero, claro, pero un regalo al fin y al cabo.

Esos pendientes ya no significaban nada para ella. Se le antojaron en un viaje y Óscar accedió a comprárselos con el dinero de la cuenta común que tenían en el banco, pero que en realidad era de ella. ¿Cómo podía haber sido tan tonta? En cualquier caso, sin duda valían mucho más que una noche de hotel en aquel sitio; si no los recuperaba, solo habría perdido dinero, porque no tenían ya ningún valor sentimental.

—Está bien, me sirven. Se los devolveré cuando me pague la habitación más los intereses de demora, claro. Dos y medio por ciento diario.

¿Le iba a cobrar intereses? ¿Un dos y medio por ciento por un día? ¿Cómo podía ser tan ruin? ¡Eso era usura! Estaba indignada, pero no le quedaba más remedio que aceptar. Como si se estuviera desnudando, se quitó los pendientes que había llevado durante tantos años y se los entregó al recepcionista a cambio de la llave de la habitación.

—¿Qué habitación quiere? Tenemos varias disponibles.

—¡Si me dijo que solo quedaba una!

—¡Qué ingenua es usted! ¿No ha oído hablar de las técnicas de venta? ¡Escasez y urgencia son las mejores! La verdad es que por aquí viene muy poca gente, ¡están casi todas libres!

El hombre era aún más rastrero de lo que había imaginado. Don Umberto cogió una llave, se la dio y le indicó que subiera a la tercera planta. Tragándose su enfado y su orgullo, Brianne sonrió de mala gana y se dirigió al ascensor con el bastón y la mochila.

—El ascensor no funciona y el desayuno lo servimos a las siete en la primera planta. Sonará una alarma en el hotel para avisarla por si no está aún despierta.

Lo que le faltaba, ¡subir andando y despertarse con una alarma en plenas vacaciones! Solo esperaba que la habitación fuera cómoda y tuviera al menos una ducha digna. Mientras subía las escaleras apoyándose en el bastón, cayó en la cuenta de que a nadie le había sorprendido que llevara una serpiente viva enroscada. ¿Les parecía normal? ¿Todos los turistas llevaban una y estaban acostumbrados? Y sobre los turistas... ¿Cómo es que aún no se había cruzado con ninguno?

Dejó de divagar mentalmente al llegar a su habitación. La número 34, tal y como indicaba el llavero. Era una estancia modesta que daba a un patio interior con las paredes desconchadas y en el que había un montón de sábanas tendidas y calzoncillos enormes y muy gastados. Eran del recepcionista, por supuesto, ¡qué asco! ¿Lo lavaban todo junto? No le hacía ninguna gracia dormir en sábanas que hubieran tocado los calzoncillos de aquel seboso repugnante.

Intentando no pensar en eso, dejó sus cosas encima de una mesita y sacó un pijama de su mochila, además de varios artículos de aseo y ropa para el día siguiente. A diferencia de la que se secaba en el patio, su ropa estaba nueva y aseada. Entró en el baño para darse una ducha caliente y se alegró al comprobar que al menos no estaba sucio. No tenía nada para cenar ni dinero para comprar o pedir comida, así que, aun con el estómago vacío, cayó rendida en la cama bajo una feísima colcha de color ocre que prefirió pensar que estaba limpia.

Al día siguiente despertó con un horrible sonido que debía de ser la alarma de las siete. ¡Ni para llevar a los niños al colegio sonaba tan pronto en su casa! En cualquier caso, tenía hambre y no le sobraba el tiempo, de modo que se vistió, se arregló el moño, cogió la mochila y el bastón y bajó al comedor. No se quedaría ni una noche más.

Tal y como había imaginado, el desayuno no era ni abundante ni variado: pan, leche, mantequilla y mermelada y algo de embutido. Sin más. Decidió comer todo lo que pudiera porque no sabía cuándo volvería a hacerlo. Al terminar, salió del hotel evitando cruzarse con don Umberto y en pocos minutos llegó a lo que parecía una manufactura clandestina. Ningún letrero permitía vislumbrar lo que había dentro, pero un pequeño cartel en el exterior indicaba dónde se encontraba Brianne.

kilómetro
175

Avanzaba rápido. Cincuenta kilómetros desde que salió de Desiria y en menos de veinticuatro horas. ¡No estaba nada mal! Aún se encontraba muy lejos de la cima, de ese kilómetro 700 que le había indicado Piotr, el taquillero. Y para recorrer tanto camino, sin duda, le harían falta muchos ouros. ¡Mira que no comprobar la moneda del lugar de destino! Vaya fallo. Había ahorrado un montón de euros para esas vacaciones y ahora no le servían de nada. Tendría que trabajar varios días antes de continuar el viaje y buscar un hotel más barato. Pero de nada servía lamentarse, tenía que ponerse manos a la obra, nunca mejor dicho, y ganarse su sustento desde cero, como todo el mundo allí. En eso, desde luego, no iba a ser diferente.

Llamó a la puerta y, al poco rato, le abrió una señora muy menuda con una media melena negra y lisa sujeta con una horquilla rosa al lado de la oreja. No parecía mayor de cuarenta años, pero estaba bastante deteriorada, con arrugas muy marcadas en la frente y en los ojos. Hablaba muy rápido, como si tuviera prisa o estuviera impaciente por algo.

—Dígame, señora.

—Hola. Necesito trabajo durante unos días, ¿tienen alguna vacante?

—Está usted de suerte, precisamente hoy nos han quedado dos puestos libres. Bajas por depresión, ya sabe... ¡Lo que inventan para no trabajar! Y esos médicos ineptos que falsean los informes a cambio de algunos ouros... ¡son una lacra! Pero pase, pase, vayamos a mi oficina.

Siguió a aquella mujer por un pasillo estrecho y oscuro. Desde luego, allí no derrochaban electricidad.

—A ver, tengo un puesto de limpiadora y otro de reponedora. Los dos con el mismo salario: cincuenta y dos ouros al día; pago diario y comida y cena incluidas. No son puestos cualificados, así que no puedo ofrecerle más por diez horas de trabajo.

—¿¿¿Diez horas por cincuenta y dos ouros???

—Si no le gustan las condiciones, ya sabe dónde está la puerta. Aquí no obligamos a nadie a nada.

Brianne echó cuentas. Cincuenta y dos ouros le daban para pagar el alojamiento de la noche anterior y los intereses, pero apenas le sobraría nada para seguir avanzando en la montaña. ¡Parecía complicado salir de Potestia! Necesitaba encontrar otro trabajo para ganar más dinero, pero por el momento tenía ese.

—De acuerdo.

—¿Qué puesto prefiere?

—Si el salario es el mismo, el puesto me es indiferente.

—Ya, pero una cosa es ser limpiadora y otra reponedora. No trabajaría en el mismo lugar ni tendría los mismos compañeros y supervisores. Si no elige, alguien lo hará por usted; en este caso, yo.

Brianne no conocía ni el lugar de trabajo, ni a los compañeros ni a los jefes, así que ¿qué más daba quién elegía? La mujer decidió que sería reponedora; su trabajo consistiría en recibir y colocar en las estanterías la mercancía que llegara de cada proveedor. Parecía fácil.

—Aquí tiene el uniforme y las llaves de su taquilla. Firme aquí y podrá empezar ahora mismo.

13

Los espejos

Brianne firmó con la esperanza de tener tiempo después para buscar otro trabajo mejor pagado. Cogió la copia del contrato y el uniforme y fue hacia el vestuario de mujeres pensando en que nunca se había visto en una situación como esa, ¡trabajando en vacaciones para poder pagarlas! Se acordó de su padre y de sus advertencias sobre lo de quedarse sin dinero: el dinero significaba seguridad, ¡y también libertad!, no había nada en el mundo que pudiera darle ambas cosas salvo el dinero, ¡cuanto más, mejor!

Y ella así lo había creído siempre, hasta que dejó de hacerlo. ¿De qué le había valido todo lo que había ganado antes de conocer a Óscar? Seguía necesitando a alguien para sentirse segura, y eso la llevó a encerrarse en su propia cárcel durante muchos años, tantos que ya ni recordaba cuándo se metió en ella exactamente. Así que todo ese dinero no le había dado ni seguridad ni libertad. El caso es que ahora estaba allí y sin dinero, y nunca se había sentido tan segura de estar en el camino que debía ni tan libre de elegir otro si así lo deseaba.

Una vez en el vestuario, se quitó la ropa y se puso el

uniforme. ¡Era horrible! ¿Cómo podía ser tan feo? Un pantalón negro y una camisa de un amarillo chillón que no podía favorecer nada. ¡Seguro que parecía un pollito! Buscó un espejo aquí y allá y no encontró ninguno. Y de repente cayó en la cuenta de que en la habitación del hotel tampoco había visto ninguno. ¡Ni en Desiria!

Al girarse para ir hacia la puerta de salida, ¡se topó con Lynne!

—¡Lynne! No te esperaba aquí.

—Vaya, ¿no puedo venir a ver a mi clienta favorita? ¿Qué tal tu primer día de trabajo?

—Pues ya ves, ¡mira qué pintas! Necesito un espejo. Hasta ahora no he visto ninguno, ¿no hay espejos en la montaña? ¿Tan feos sois que no queréis miraros? ¡Ja, ja, ja! Disculpa, Lynne, era una broma.

—Tranquila, lo he pillado. ¡Claro que hay espejos! ¡Están por todas partes! Solo tienes que mirar bien para verlos.

Brianne volvió a buscar por el vestuario, pero nada, ni siquiera uno pequeño.

—Lynne, si aquí hay alguno, está muy bien escondido, ¡porque no lo veo!

—Eso es que no estás preparada para verlo. Busca tu reflejo, tu propia imagen. Si no la ves, es porque no te reconoces.

—¿Cómo no me voy a reconocer? Llevo años mirándome en el espejo. Aunque es verdad que hace un tiempo lo evitaba porque no me gustaba lo que veía. ¿Tanto he cambiado desde mi llegada a la montaña? Explícate, Lynne, que a veces las conversaciones contigo son como un jeroglífico.

Ambas rieron. Brianne no entendía nada, y Lynne se negaba a ponérselo fácil, quería que ella misma llegara a sus propias conclusiones.

—A ver, ¿cuál era la primera ley de la montaña? ¿Qué apuntaste en tu pasaporte? Las leyes son válidas y acumulativas hasta que llegues arriba, de nada sirve aprenderlas y olvidarlas según asciendes. ¡Están todas relacionadas!

—Claro, me acuerdo perfectamente: «Todo es una creación mental. La realidad que veo es el resultado de mi propio pensamiento. Las cosas no son como son, sino como soy yo».

—Exacto. ¿Entonces?

Entonces ¿qué? ¿Qué tenía que ver eso con el hecho de que en la montaña no hubiera espejos?

—Brianne, te acabas de responder.

»Todo lo que ves es un reflejo de quien eres, ¡la realidad que has creado gracias a tus pensamientos es tu propio espejo!

»¿No lo entiendes? Lo que ves fuera es lo que tienes dentro. Puedes verte en cualquier cosa y en cualquier persona. Si miras bien, te verás. De hecho, creo que ya lo has hecho en alguna ocasión. Por lo que me has contado de tu relación con Óscar, cuando te miraste en él, te viste, ¿no fue así?

Brianne trató de recordar. Era una época de su vida que no le resultaba agradable rememorar, pero Lynne tenía razón. Solo cuando fue consciente de la falta de amor de Óscar hacia ella vio que quien realmente no se quería era ella. Necesitó sentir la infidelidad a través de él para reconocer que ella no estaba siendo fiel a sus valores, a sus sueños, a su dignidad. Se estaba traicionando. ¡Óscar solo había sido su espejo! Se quedó estupefacta. ¿Cómo no se había dado cuenta antes?

Lynne sonrió al ver su cara de asombro.

—¿Lo entiendes ahora? Solo tienes que mirarte a tu alrededor, ¡el mundo es tu reflejo! Puedes ver incluso tus versiones anteriores reflejadas en otros, y entonces ¡los comprenderás muy bien!

De repente, una joven rubia entró muy seria en el vestuario. Miró a Brianne de arriba abajo pero no la saludó. ¡Vaya recibimiento! La muchacha se lavó la cara, guardó sus cosas en su taquilla y salió de nuevo, por supuesto sin despedirse. ¡Que frío era todo en Potestia!

—¡Qué antipática! ¿Y si aquí no le gusto a nadie?

—¿Y si la que no se gusta es ella misma? La actitud de esa chica no tiene nada que ver contigo, ¿acaso no te ves reflejada en ella?

Podía ser. Recordó cuando lo estaba pasando mal en su relación, cuando se sentía perdida y no quería estar con nadie. Todo el mundo le era indiferente, no se esforzaba por ser cordial y ponía siempre mala cara, ¡la única que tenía en ese momento! ¿Lo estaría pasando mal aquella muchacha? La verdad es que no lo sabía, ¡no tenía ni idea! Pero bien podía ser que estuviera librando una batalla interior y que, por tanto, eso se reflejara en el exterior, como le había dicho Lynne. Como es dentro, es fuera. Si tenía esa actitud era porque algo le pasaba; no tenía nada que ver con Brianne, sino con ella misma.

**—Los espejos son una buena manera de ver
lo que no queremos aceptar de nosotros mismos.**

»Como sabes, antaño tú también fuiste antipática y fría
con los demás.

—Sí, entiendo lo de verme en los demás, pero no me
veo reflejada en el egoísmo de Potestia ni en la mezquindad
de don Umberto. Creo que soy una persona generosa, no
recuerdo haber sido rastrera ni avara alguna vez.

—Los espejos no mienten, ¡solo muestran tu reflejo! Si
la manera de ser de estas personas, lo que dicen o lo que
hacen, no te resulta agradable o te molesta, es porque aún
no has aceptado e integrado esa parte de ti.

Brianne suspiró. Había allí un montón de gente que no
le gustaba, y la idea de que ella fuera también así no le hacía
ninguna gracia.

—La mejor manera de saber lo que está pasando dentro de ti es mirar lo que está pasando fuera, ¡usa los espejos
para ver tu interior!

Incluso si reconociera que ella también era así, aunque
solo fuera un poco, ¿cómo podía cambiarlo? ¿Cómo hacer
que dejara de incomodarla? Se lo preguntó a Lynne, ¡ella
tenía respuestas para todo!

—Lo primero que debes hacer es averiguar por qué ese
egoísmo te crea incomodidad, qué parte de ti se resiste a
aceptarlo y por qué. Cuando lo hagas, dejará de molestarte
que otros sean así, serás más empática y comprensiva con
ellos y los verás de manera diferente, como si hubieran
cambiado, pero en realidad ¡habrás cambiado tú!

—No entiendo, Lynne. ¿Cambiando yo cambio al resto?

—¡Claro! ¿Qué otra cosa puedes hacer si el reflejo que ves en un espejo no te gusta?

—No seguir mirando, supongo.

—Eso no vale, Brianne, ¿de verdad vas a esconderte de ti misma mirando para otro lado? Solo cuando tú cambias, el espejo te devuelve algo totalmente diferente al mirarte en él, ¿no crees? Los reflejos solo cambian si cambia lo que se refleja en ellos.

Brianne asintió. Tenía cierta lógica.

—Entonces, para ver a los demás como yo quiero, ¿solo tengo que ser yo así primero?

—¡Exacto! No podrás cambiar a nadie si no cambias tú antes. Y cuando lo hagas, todo cambiará como por arte de magia, ¡ya lo verás!

»Lo que crees dentro de ti se manifestará en todo lo demás. Si quieres mejorar algo, deberás mejorar tú; si quieres gustar más, deberás gustarte más tú; si quieres que te traten bien, deberás tratarte bien.

—Ya lo pillo, Lynne.

—Pues, entonces, a disfrutar del día y de tus espejos. ¡No tengas miedo de verte!

Con un suspiro y no terminando de creerse del todo aquello, Brianne guardó sus cosas en la taquilla, se despidió de Lynne y salió del vestuario. ¡No quería que la despidieran por llegar tarde antes de empezar! De camino al almacén se cruzó con un par de personas que, al igual que la chica rubia, la miraron con desdén y no le dijeron nada.

Así que aplicó lo que le había dicho Lynne momentos antes y, en lugar de responder de la misma manera y no saludar, esbozó su mejor sonrisa.

—¿Qué tal? Buenos días, soy Brianne, pero me llaman Bri. ¡Es mi primer día!

Aquellas personas no le contestaron, pero, para su sorpresa, vio que en sus caras asomaba una sonrisa. ¡El reflejo funcionaba! Seguro que no eran mala gente; tendrían un mal día y la sonrisa de Brianne les habría alegrado la mañana, al menos un poco. Decidida a seguir contagiando sonrisas, avanzó por la sala de costura en dirección al almacén. Decenas de mujeres se afanaban en sus máquinas de coser con el espacio justo para girar las telas y darle al pedal de manera mecánica y casi inconsciente. Otras mujeres les pasaban las telas ya cortadas siguiendo patrones preestablecidos que les daban poco o ningún margen de creatividad.

Le pareció raro que todo aquello se hiciera de manera manual en vez de con máquinas o robots. ¿Qué sentido tenía utilizar personas para labores tan mecanizadas? Si no podían aportar ningún valor personal a sus funciones, era imposible que se sintieran realizadas. No le extrañaba que llegaran cada día con esas caras y que no tuvieran ganas ni de saludar. Recordó entonces que don Umberto opinaba que no tenía por qué gustarte tu trabajo, se trataba solo de dinero y no quedaba otra opción.

Pero Brianne no estaba de acuerdo. ¿Cómo no iba a haber otra opción? ¡Siempre la hay! Lo que pasa es que no la veían, como ella cuando estaba ciega y pensaba que tendría que soportar a Óscar para siempre jamás.

—¡Eh, tú! ¿Qué miras? ¡A tu puesto o serás penalizada!

Era uno de los supervisores. Se encargaba de que todo siguiera el ritmo preestablecido. Allí se trabajaba a destajo con el único objetivo de mantener la productividad, ¡ni siquiera importaba la calidad del producto final! Brianne vio que algunas costureras, para no perder su puesto, ocultaban los errores de confección que habían cometido por trabajar bajo tanta presión. Pidió disculpas al supervisor de la sala de costura y salió hacia el almacén, donde el panorama se repetía. Hombres y mujeres desembalaban cajas y colocaban pesados rollos de tela en las estanterías siguiendo indicaciones de los encargados, que no dudaban en ejercer su autoridad a la mínima oportunidad. Vio que uno de ellos parecía estar sobrepasándose con una de las empleadas.

—Venga, guapa, a ver si llegas a esa estantería de ahí arriba. Si quieres te ayudo, pero eso tiene su precio, ya sabes, ¡ja, ja, ja!

El hombre guiñó un ojo a la pobre chica que intentaba colocar un pesado rollo de tela en el estante. ¡Era la chica a la que Brianne había visto en el vestuario! Con cara de disgusto y cierto miedo, hizo caso omiso de su superior y trató de ponerlo en su sitio, pero la tela se le resbaló y cayó al suelo.

—¡Mira lo que has hecho! ¿Sabes lo que cuesta esta seda? ¡Medio mes de tu salario! Ahora se ha ensuciado y no se podrá usar, espero que tengas claro lo que significa eso.

—Sí, señor, que me lo descontarán de mi nómina.

—Así es. A no ser que... ¡me pagues la mitad a mí! Te ahorrarías una buena cantidad de dinero.

La pobre chica agachó la cabeza. No podía permitirse reducir aún más su salario. Seguro que pensaba que pagar ese chantaje y seguir trabajando en ese taller era la única opción que tenía. ¡Qué claro se veía todo desde fuera! Brianne sabía que, cuando estás viviendo algo así, las lágrimas te hacen ver todo borroso.

14

La jerarquía

Brianne, atónita después de la escena que acababa de presenciar, no sabía qué hacer. ¡Ahora entendía por qué aquella chica había sido tan antipática en el vestuario! Miró a los otros empleados para encontrar algo de apoyo, pero ellos, como si no hubieran presenciado aquel abuso de poder, disimulaban y seguían con sus tareas. Es más, algunos aprovecharon el despiste del supervisor para meterse en los bolsillos bobinas de hilo, tijeras y algunas cintas métricas. ¡Estaban robando!

Brianne no daba crédito. Pero ¿qué lugar era ese? Los de arriba no parecían tener ningún tipo de conciencia y chantajeaban a los de abajo, que lo acataban sin rechistar porque creían no tener alternativa. Ella no estaba dispuesta a soportar aquello, ni siquiera para pagar la noche de hotel que debía. Ya se quedó una vez donde no debía y aprendió que ella valía más que todo eso. No se quedaría ahí ni un minuto más. Decidida, fue hacia su taquilla para recoger el bastón y la mochila y largarse, pero en el camino oyó una conversación que salía de una de las salas de dirección.

—A ver quién se encarga de los caprichos de la jefa este mes.

—A mí ya me tocó el mes pasado, que iba justo con el complemento salarial y tuve que hacerle el favor de llevarla de compras a unos grandes almacenes.

—Yo ya conseguí mi aumento cortándole el césped cuatro semanas seguidas, así que, ¡hasta nueva orden no repito!

—Pues alguien tendrá que ayudarla con la mudanza para tenerla contenta o nos pasará factura a todos, ¡ya sabéis cómo es cuando se enfada!

Brianne no podía creerlo. ¿La jefa también chantajeaba a los supervisores y se aprovechaba de ellos? ¿Esa mujer pequeñita con cara de pocos amigos? Estaba claro que aquel era un sistema muy jerárquico, basado en el intercambio de favores poco éticos. Había salido de Desiria buscando un lugar donde lo personal reinara sobre lo grupal, pero había confundido la individualidad con el individualismo. En aquel lugar el fin justificaba los medios, y todo parecía gobernado por el materialismo, la desigualdad, el egoísmo y el tráfico de influencias. ¿Había algo menos humano que aquello? ¿Y había más libertad allí que en Desiria o había menos?

Definitivamente, debía marcharse. No solo de aquel taller sino de Potestia, y esa chica debería hacer lo mismo. Aunque no tenía dinero para pagar la noche de hotel, sus pendientes de oro cubrirían el coste de su estancia con creces. Pero antes de irse necesitaba ir al baño. Al entrar se encontró con quien menos esperaba.

—¡Lynne! ¿Qué haces aquí?

—Nada, ver cómo te va en tu primer día de trabajo. ¿Todo bien?

—No, qué va, ¡me voy de aquí! Este lugar no es para mí.

—Estupendo, me alegro de que tengas las ideas claras.

—Vaya, pensé que te enfadarías, se suponía que debía aceptar todo lo que me ofreciera la montaña...

—Así es, y te está ofreciendo la oportunidad de reafirmarte en quien eres a través de tus espejos. A veces la montaña te pone a prueba, ¿sabes? Lo hace para verificar si volverías a caer en el mismo error o no. Has visto tu yo del pasado tratando de encajar en un lugar creyendo que era necesario, en vez de buscar el lugar en el que encajabas. Pero ya veo que has aprendido bien la lección y no pretendes quedarte aquí, sino ir en busca de algo mejor, pase lo que pase. ¿No es genial? ¡Bravo, Brianne!

Estaba asombrada. Se esperaba la regañina de Lynne y en lugar de eso la felicitaba por haber decidido irse antes de tiempo. ¡No había quien la entendiera!

—Sí, yo me voy, pero hay una pobre chica que necesita ayuda, ¡hay que sacarla de aquí!

—¿Otra vez con lo mismo?

»Nadie que no solicita ayuda necesita ser ayudado. Al menos, no como tú piensas.

»Si apartas a esa chica de todo lo que le hace daño, le volverá a ocurrir lo mismo en otro lado. Debe ser ella quien lo haga, ¡igual que hiciste tú! Ahora no esperas que venga alguien y te salve, porque ya aprendiste que tienes el poder de hacerlo tú misma. ¿Acaso quieres robarle a ella el privilegio de aprender?

Lynne tenía razón, como siempre. Esa chica necesitaba

darse cuenta de que no tenía que aguantar nada que no le gustara y mucho menos soportar abusos, chantajes y falsas promesas. ¡Tenía que buscar otra manera!

—La chica te recuerda a ti viviendo una situación similar, y es lógico que te sientas identificada, pero no deberías entrometerte en su camino, sino simplemente inspirarla a dar el paso que la saque de aquí. ¡Cuéntale tu historia!

—Eso haré. ¡Ahora necesito ir al baño!

Cuando salió, allí ya no estaba Lynne sino la chica rubia limpiándose las lágrimas.

—Eh, no llores. ¿Cómo te llamas? Yo soy Brianne. No te gusta estar aquí, ¿verdad?

—Soy Valeria, ¡y claro que no me gusta este lugar! Pero ¿qué otra opción tengo? ¡No me queda más remedio! No encuentro otro trabajo que me permita compatibilizar los horarios con el cuidado de mi hija, ¿sabes? Es lo que hay.

Eso no era lo que había, sino lo que esa chica hacía que hubiera porque no elegía otra cosa. Tenía el resto de las opciones, infinitas, pero Brianne se contuvo de decírselo porque pensó que no la entendería, no estaba preparada, como tampoco lo estaban los habitantes de Desiria. Valeria tenía que verlo por sí misma y llegar a sus propias conclusiones.

—Te quedas aquí, pero ¿a costa de qué? Estás pagando un precio demasiado alto.

—Pagaría cualquier cosa para que mi hija tenga un techo y un plato de comida en la mesa, ¡cualquier cosa!

—Yo una vez también estuve tan preocupada por el bienestar de mis hijos que me olvidé de mí, aguanté cosas que no debería haber aguantado y callé otras que debería haber contado. Pero me di cuenta de que con ese comportamiento no les estaba dando un buen ejemplo, no les estaba enseñando a quererse, a respetarse a sí mismos y a exigir lo mismo a los demás. Y entonces decidí, a pesar del miedo y la incertidumbre, buscar mi propio camino. Y aquí estoy.

—¿Y tus hijos?

—Mis hijos están fenomenal, ¡mucho mejor que antes! Ahora ven a su madre fuerte y poderosa, feliz, buscando su lugar para convertirse en lo que ella quiera ser y sin poner su dignidad a la venta. Cuando empiezas a quererte, te conviertes en tu prioridad y te cuidas, no permites que nada ni nadie te haga daño. Si tú estás fuerte, lo estarás también para tus hijos.

—Pero mis jefes tienen el poder y hacen lo que quieren con nosotros, no solo conmigo. No puedo evitar que me hagan daño.

—¡Por supuesto que puedes! El poder corrompe, Valeria, y no puedes impedir que se comporten así, pero sí puedes proteger tu integridad ante cualquier otra cosa. Eso no es negociable bajo ningún concepto.

—Pero si me voy, ¿cómo conseguiré otro trabajo?

—Aparecerá, ¡ya lo verás! Pero para que eso ocurra debes estar predispuesta a ello. Cada minuto que pases aquí será un minuto menos que dediques a encontrar un trabajo mejor. Yo dejé a mi marido muerta de miedo, no tenía trabajo, ni dinero, ni amigos, ni mi familia cerca, ¡ni siquiera una casa! Pero desde que me alejé de eso que me hacía daño no han dejado de ocurrir cosas maravillosas, porque he creado espacio para ellas. Aún estoy tratando de averiguar qué hacer con mi vida, pero soy tan feliz... ¡Soy otra persona! Otra versión de mí misma.

Suspiró. Al pronunciar esas palabras se dio cuenta de que de verdad lo era. Era otra, una Brianne diferente, una Brianne mucho mejor que cuando creía que no valía para nada. Y sonrió. Se sentía orgullosa y satisfecha de sí misma. Seguramente al día siguiente sería otra, mejor incluso si continuaba su camino.

—Sigo teniendo miedo, no te creas que eso pasó, pero no trato de evitarlo, ¡sino de superarlo! Hago las cosas a pesar del miedo, ¡traspasándolo!

»Entré en la montaña sin saber nada, aceptando cualquier cosa que pudiera pasar. No dejé que el miedo me detuviera porque si no me habría quedado allí, en la taquilla. Y si tú dejas que el miedo te paralice, permanecerás aquí, ¡en un lugar que no te gusta!

Valeria sonrió y Brianne se sintió muy bien. ¡Era una sensación extraña! Acababa de soltar un discurso motivacional a una chica a la que acababa de conocer y eso era algo que nunca había hecho. Reparó en que todas esas palabras que habían salido de su boca eran fruto de su experiencia y de todas las adversidades que había vivido y, más importante aún, superado. Como Lynne le había dicho, su reflejo en Valeria le estaba sirviendo para reafirmarse, para constatar que esa era ya una etapa del camino completada, una vieja versión de sí misma cuyos aprendizajes podía poner ahora al servicio de alguien más.

En ese momento, Brianne agradeció de verdad y de manera profunda todo lo «malo» que le había pasado, todos los «errores» que había cometido por no estar programada de la manera correcta, al menos del modo que ella quería. Pero lo mejor era que su reprogramación empezaba a dar frutos. Veía las cosas de un modo diferente, las dificultades en la vida le parecían meras oportunidades para mejorar, cada inconveniente que resolvía suponía un nuevo aprendizaje que le permitía avanzar hacia la cima. Así que respiró hondo y, decidida y llena de coraje, le dijo a Valeria:

—Me voy de aquí. ¿Y tú?

—Yo también, Brianne, ¡vámonos! Pero ¿adónde?

—Yo sé adónde quiero ir, Valeria. Pero si tú no lo sabes, nunca llegarás, ¡cualquier camino es válido para no llegar a ningún lado!

Brianne quería ir a un lugar más solidario, donde unas personas no se aprovecharan de otras, donde existiera compasión, amor, sentimientos, empatía y espacio para ser uno mismo pero sin olvidarse de los demás. ¿Existiría un lugar así? Si no existía, ella lo crearía, ¡solo tenía que imaginarlo!

—¡Yo iré donde tú vayas, Brianne! Contigo me siento segura.

—Eso es muy halagador, pero yo una vez cometí el error de ser el copiloto de alguien que no iba en mi misma dirección y te aseguro que esa no es la solución para llegar donde debes llegar. Me iré sola, Valeria, tu camino es otro. Quizá aún no lo veas, pero te aseguro que en cuanto des el primer paso para salir de aquí aparecerá. Tú confía.

Valeria se entristeció. Quería marcharse de allí con Brianne porque hacerlo sola le daba miedo, pero precisamente por eso debía irse por su cuenta. Valeria aún tenía que aprender a quererse, a confiar en ella misma, y seguir los dictados de su voz interior. Brianne ya había recorrido esa etapa, por eso no podía acompañarla. Brianne, ahora, buscaba su propósito.

—Está bien. Iré a buscar a mi hija y nos iremos de aquí cuanto antes. ¡Quiero un futuro mejor para ella!

—Para tu hija y para ti, Valeria, ¡no te olvides! Tú eres igual de importante que tu hija o más.

Se abrazaron. Valeria se alejó contenta pero aún confusa. Brianne no estaba segura de si se atrevería a dejar ese trabajo o si volvería a su puesto al día siguiente, pero esa era su decisión y quizá aún no estaba preparada para dar el paso. De cualquier modo, ella debía seguir su camino, presentía que llegaría a un lugar mucho mejor... ¡si alguien le sellaba el pasaporte! ¡Lo había olvidado por completo! Sin el sello, no podría salir de allí, pero ¿quién se lo pondría esta vez? Seguro que Lynne aparecería para hacerlo en cuanto ella hubiera escrito la tercera ley.

Ni corta ni perezosa se dirigió a la taquilla para cogerlo y escribir la ley, que en esta ocasión tenía más que clara. Una vez escrita, se cambió de ropa, cogió sus cosas y se dirigió a la oficina de la directora para devolverle el uniforme y comunicar que renunciaba a su puesto.

A aquella mujer no le hizo ninguna gracia que Brianne quisiera marcharse y la amenazó con llamar a la policía si no se quedaba. Sin embargo, ella no estaba dispuesta a tolerar amenazas ni chantajes, así que hizo caso omiso y se dirigió a la salida.

Para su sorpresa, el policía que la había ayudado el día anterior la detuvo al salir.

—¡Alto! ¿Adónde va usted?

—No lo sé, pero ¡aquí no me voy a quedar!

—¿No sabe que no puede ir a ningún lado con el pasaporte sin sellar?

El policía le guiñó un ojo. ¡Era él quien le pondría el sello! Brianne, feliz, se apresuró a sacarlo de la mochila y se lo entregó bajo la atenta mirada de la jefa del taller, que había salido para lanzarle una última advertencia.

—Si se va, ni se plantee regresar, ¡aquí no será bien recibida!

—No se preocupe, señora, ¡no pienso volver! ¡No me afectan sus amenazas!

—¿Mis amenazas? Recuerde que lo que ve en mí ¡está en usted! ¡Que le vaya bien!

Brianne le respondió con un gesto de burla y luego contempló el nuevo sello en su pasaporte: una flor, en este caso de diez pétalos.

TERCERA LEY:

*Todo lo que hay fuera es un reflejo
de mi interior y, por tanto, puedo cambiar
mi realidad externa cambiando yo,
porque yo soy la causa de todo.*

CUORIA

El amor

Brianne le dio las gracias al policía y se fue, pensando en las últimas palabras de la mujer. ¿Se refería al abuso de poder? ¿Acaso ella había amenazado alguna vez a alguien? Cuando sus hijos no se comían la verdura, les decía que no habría postre, pero ¿podía considerarse eso una amenaza? ¿Cómo conseguiría si no que se alimentaran de manera adecuada? Bien mirado, ¡era una amenaza en toda regla! O hacían lo que ella quería o habría consecuencias, exactamente lo mismo que ocurría en Potestia. Quizá no fueran tan diferentes y Lynne tuviera razón. Había algo de ella en todo aquello.

Ahora se conocía mucho mejor que cuando llegó a Potestia y sentía que los cambios que buscaba en su programación se estaban materializando poco a poco, como así constataba el cartel que se erguía delante de ella.

Aún le quedaba mucho camino por recorrer hasta la cima, pero había avanzado nada más y nada menos que veinticinco «kilómetros mentales» ese día. Así empezó a llamarlos desde ese momento. ¡Qué raro era todo en la montaña y a la vez qué bonito! Estaba aprendiendo tantas cosas. La ley del espejo le parecía todo un descubrimiento, el hecho de que, paradójicamente, para conocerse más por dentro, solo tenía que mirar fuera.

Eso había sido revelador y, sin duda, estaría muy atenta de ahora en adelante y observaría con los ojos bien abiertos todo lo que la rodeaba. Nada ni nadie de lo que se encontrara sería casual, sino resultado de quien era en realidad. Por eso su camino le pertenecía solo a ella, ¡nadie más caminaría exactamente por el mismo! Poco a poco empezaba a entender el funcionamiento de la montaña.

Iba tan ensimismada en sus pensamientos que, cuando se quiso dar cuenta, se vio rodeada de naturaleza. Estaba inmersa en pequeñas explanadas de flores y suaves colinas adornadas por muchas variedades de cactus y matorrales y ya no quedaba ni rastro de Potestia. El asfalto gris y la gente pálida y amarillenta a la que parecía no dar nunca la luz del sol habían quedado atrás. Sin duda, ese era un paisaje mejor, y estaba entusiasmada por llegar al siguiente pueblo, ciudad, aldea o lo que le tocara descubrir. ¿Cómo sería allí la gente? ¿Habría hecho bien en elegir un destino con personas preocupadas por los demás? ¿O tampoco encajaría y tendría que irse cuanto antes?

Lo que tenía claro era que, estuviera el tiempo que estuviese, no se iría sin ningún aprendizaje. Todo lo que le ocurría en la montaña lo atraía ella misma, era consecuencia de quien era en cada momento, por eso podía verse en su propia realidad, que no cambiaba hasta que ella lo hacía, costara el tiempo que costase. Las leyes de la montaña parecían cumplirse sin excepción hasta ahora y estaba ansiosa por conocer la siguiente. ¿Cuál sería? Fuera la que fuese, la descubriría al otro lado de la colina que estaba subiendo y que tanto esfuerzo le estaba suponiendo.

Hasta ese momento el camino había sido bastante llano, con pequeñas subidas pero muy asequibles. Pero notaba que la montaña se hacía cada vez más escarpada y las cuestas más empinadas. No sería fácil llegar a la cima, y Brianne no solo lo iba a intentar, sino que lo iba a conseguir. ¡Estaba segura! Lo importante ahora era subir el siguiente peldaño, apoyarse en el siguiente escalón al que estaba a punto de llegar y donde esperaba que le dieran al menos algo de agua. No tenía dinero válido en la montaña y no había comido, se había ido del taller antes de la hora del almuerzo y aunque tomó un desayuno consistente en el hotel ya habían pasado muchas horas.

Para Brianne era una sensación extraña no tener nada para comer ese día y tener que confiar en lo que la montaña dispusiera para ella. Sin dinero, no solo no podía planificar su futuro próximo, sino que dependía de lo que los demás quisieran ofrecerle, algo a lo que no estaba acostumbrada y reconocía que aún le molestaba un poco. Su afán de control se había quedado en la taquilla de Piotr al firmar los consentimientos. Sin embargo, al hacerlo había permitido que la montaña la sorprendiera y la pusiera en situaciones que ella jamás habría buscado por sí misma, pero de las que podía aprender muchísimo.

**Se dio cuenta de que, cada vez que trataba
de manipular su futuro, no avanzaba
porque simplemente buscaba más de eso
que le era conocido y confortable.**

¿Cómo pretendía conocerse más en las mismas situaciones?

Decidida, y con la ilusión de encontrar algo nuevo al otro lado de aquella colina, llegó arriba. Desde lo alto divisó un pequeño grupo de personas reunidas a la sombra de una arboleda cercana en lo que parecía ser un pequeño valle. Les pediría un poco de agua y les preguntaría cómo llegar al siguiente pueblo, seguro que podrían darle alguna indicación. A medida que se aproximaba contó veintiuna personas, todas ellas jóvenes y, por lo que reflejaban sus rostros, felices.

Estaban sentadas en círculo en medio de un prado verde y charlaban distendidamente. Algunas estaban cogidas de la mano y otras se peinaban entre ellas. Al ver a Brianne, enseguida la saludaron y le ofrecieron sentarse con ellas.

—¡Hola, hermana! ¿Qué te trae por aquí? ¿Cómo te llamas?

—¡Hola! Soy Brianne, estoy de paso buscando el siguiente pueblo de la montaña.

—¿Qué pueblo? No me suena que haya ninguno cerca de aquí. ¿Cómo se llama?

—Ni idea, solo estoy caminando hasta que lo encuentre, en algún momento aparecerá.

—Vaya, ¡qué valiente! Pues si quieres descansar un rato aquí con nosotros eres bienvenida. Esta es nuestra humilde comunidad, Cuoria. Yo soy Rómulo y esta es Louise, mi pareja, ¡somos los fundadores! Siéntate, Brianne.

Se sentó. Rómulo era un chico joven y alto con el pelo corto, castaño y rizado. Miraba a Brianne con unos ojos grandes y verdes que parecían llenos de paz. Su compañera, Louise, era rubia y también tenía unos intensos ojos verdes, pero, a diferencia de Rómulo, llevaba el pelo largo y muy muy rizado, de esos rizos apretados y tan cerrados que debían de ser difíciles de peinar.

—¿Te apetece un poco de té? Lo preparamos aquí con plantas autóctonas. Este en concreto es de cactus, totalmente natural. Lo tomamos a menudo porque nos ayuda a sentirnos mejor y más contentos, felices y relajados. Anímate, te ayudará a conectar más contigo misma.

Vaya, ¿necesitaban un té para sentirse felices y relajados? Aunque ese té fuera natural como decía Rómulo, podría ser parecido al brebaje que le prepararon en Desiria y, la verdad, no le apetecía nada volver a vivir una experiencia alucinógena. Pero si la montaña se lo ofrecía... ¿lo debería aceptar? ¿O sería una prueba como le dijo Lynne para comprobar que usaba su propio criterio a la hora de tomar decisiones? Como no lo tenía claro y en realidad lo que le apetecía era agua, optó por la vía intermedia.

—Vale, tomaré un poco, pero no me llenes la taza. Y si me pudierais dar agua os lo agradecería.

—Por supuesto, ahora te la traemos. ¿El té con azúcar o sin? Está un poco amargo, aunque es preferible tomarlo así.

—Sin azúcar está bien, gracias.

Parecían amables y muy generosos, justo lo que Brianne buscaba. ¿Y si ya había llegado? Aquello era una especie de comuna hippy, no un pueblo o una ciudad. Pero ¿por qué había deducido que era eso lo que encontraría? Fuera como fuese allí se respiraba tranquilidad y amor fraternal, ¡de hecho la habían llamado hermana nada más llegar! Estaba tan alejado de la frialdad de Potestia.

El té resultó ser algo desagradable, tal y como le había adelantado Rómulo, pero no tanto como la resina de Desiria. El resto de los integrantes de la comunidad se servían una taza tras otra mientras charlaban distendidamente entre ellos. Brianne descansaba sobre la hierba mientras mantenía una animada conversación con Rómulo.

—Entonces ¿de dónde vienes, Brianne? Tienes aspecto de haber caminado mucho.

—De Potestia, ¿lo conocéis? Está a unos cuantos kilómetros de aquí.

—¡A muchos, diría yo! Nos sentimos muy alejados de ese lugar. No nos gusta su manera de vivir, tienen un modelo social bastante injusto, basado en la esclavitud.

—Bueno, yo no diría tanto. Les pagan por trabajar; no mucho, pero algo les pagan, y nadie los obliga a aceptar esas condiciones.

Rómulo sonrió.

—Claro que los obligan, «el sistema» los obliga a trabajar a todos, tanto a jefes como a subordinados. Son esclavos sin saberlo, ¡lo hacen voluntariamente! No son conscientes de que los engañan y viven en una trampa.

—¿De qué trampa hablas? ¿Y quién los engaña?

—Brianne, la trampa más eficaz es aquella que parece todo lo contrario, la que aparenta ser una salvación o un refugio. ¿Cuál creen que es la solución a sus problemas? ¡El dinero! ¡Esa es la trampa! Creen que aliviará todos sus males y que calmará el dolor existencial que sufren.

—Ya, pero todos necesitamos dinero para vivir.

—Sí, pero cuando el trabajo deja de ser una fuente de alegría y autorrealización y pasa a ser una necesidad inevitable para conseguir dinero, se convierte en una maldición.

»Cuando necesitas algo, te vuelves esclavo de ese algo y termina por dominarte, ¿sabes?

Eso a Brianne le resultaba familiar. En el momento que empezó a necesitar a Óscar para satisfacer sus necesidades emocionales y económicas creó una dependencia que la hizo esclava, y solo cuando aprendió a valorarse dejó de necesitarle y, entonces... ¡se sintió liberada! Justo como describía Rómulo, había caído en una trampa invisible que ella misma se había puesto, pensando que Óscar sería el remedio para curar las heridas que ella ni siquiera sabía que tenía.

En ese momento Louise y otros miembros del grupo se unieron a la conversación. Le presentaron a Marianne, una chica muy joven, casi adolescente, y con el pelo tan corto y rizado que parecía un chico. Y también le presentaron a Theo, a Emmanuel, a Franz, a Helena, a Alice... Brianne no estaba segura de acordarse de todos aquellos nombres, pero Louise, al ver la cara de confusión de Brianne, la tranquilizó.

—Aquí todos nos llamamos «hermanos» como habrás comprobado. Somos familia, ¿sabes?

—¿Sois todos hermanos? ¡No puede ser! Si tenéis casi la misma edad.

—Tú también eres nuestra hermana, Brianne, todo el mundo lo es. Venimos del mismo sitio y compartimos la misma madre: la madre tierra.

Vaya, ¡otra familia ficticia como la de los habitantes de Desiria! ¿Por qué tanto interés en ser todos hermanos? Pero aquel lugar parecía más una secta o algún tipo de grupo religioso que una familia.

—Es muy triste que en Potestia no lo sepan, ¡se tratarían de otra manera! Allí no hay amor, Brianne, ¡qué pena! Todos ven a los demás como rivales, enemigos o competidores, en vez de como a sus iguales, ¡sus propios hermanos!

—Viven en una lucha continua de poder y supervivencia, produciendo a destajo en una espiral de consumo infinita. Y esas cosas que producen terminan por dominarlos, creándoles tal necesidad y dependencia que les obliga a producir más y más.

Esa era Marianne, que hacía gestos con los brazos imitando una rueda que gira y gira. ¿Cómo podía hablar con tanta seguridad de algo que no conocía? Era muy joven; imposible que ya hubiera tenido experiencia laboral.

—Sí, y los de arriba les manipulan aún más, utilizan el miedo o el placer según convenga en cada momento con un refuerzo positivo o negativo. ¡De la oveja mansa vive el lobo! Y nadie es tan manso como las masas que han perdido su individualidad en pos del individualismo. ¡Los rebaños son manipulables!

—Pobrecillos, todos son víctimas de sí mismos. Pero

¡aquí estamos nosotros para luchar por la igualdad y erradicar la pobreza!

—Sí, ¡combatamos los abusos con la fuerza del amor y el perdón!

—¡Acabemos con los opresores! ¡Por una sociedad más justa y equitativa!

Esos eran... ¿Franz y Theo? Todo el grupo se había venido arriba y se colocaban la mano derecha sobre el pecho, dándose golpecitos sobre su corazón.

—¿Te unes a nosotros, Brianne? ¡El mundo nos necesita!

Las palabras de aquella gente eran tan apasionadas que resultaban muy convincentes, estaban envueltos en una especie de euforia colectiva que Brianne sospechó que se debía a ese misterioso té. Y a ella empezaba a hacerle efecto.

16

Los verdugos

Brianne se sentía algo mareada. No sabía si por la intensidad de la conversación, el cansancio o el té que le habían dado. No había tomado demasiado, pero ciertamente se sentía mucho mejor, tal y como le había dicho Rómulo. Todos se mostraban felices y con ganas de cambiar el mundo, y a ella eso le parecía estupendo, pero ¿cómo iban a llevar a cabo todo eso que decían? No era tan fácil. La vida no era un cuento con final feliz donde los buenos ganan a los malos, ¡no podían ser tan ingenuos por mucho té de la felicidad que tomaran! Así que les preguntó por su plan.

—Entonces ¿qué vais a hacer? Quiero decir, ¿cómo vais a luchar contra los poderosos y ganarles?

—Con la única arma capaz de vencer a cualquiera: el amor.

—Así es, Brianne, sembrando amor, ¡el amor todo lo puede!

Suspiró, ¡no se lo podía creer! ¿Y qué iban a hacer? ¿Plantar semillas en forma de corazón?

—Todo empieza con una semilla, ¡absolutamente todo! Incluso nosotros en el vientre de nuestra madre. Y podemos llegar a ser tan grandes. Igual que el amor que cosecharemos si antes lo sembramos. Podemos cambiar el futuro, las semillas de hoy son los frutos de mañana.

En ese momento Brianne se acordó de Néstor, el de los mapas, quien le enseñó también que solo se podía recoger lo que se hubiera sembrado anteriormente, fuera bueno o malo. Nada aparecía por arte de magia, siempre había un origen en la semilla. Y eso mismo debían de creer en Cuoria.

—Cualquier cosa que experimentamos en la vida es un resultado, Brianne, incluso el odio, la escasez, la desesperación, la maldad, las guerras, la enfermedad... No nacen de la nada, ¡hay algo que los origina! No puede haber un efecto sin una causa, ¡una cosa origina la otra! Así que algo debemos de haber hecho como humanidad para que exista todo eso, ¿no crees?

—¿Nosotros? ¿Acaso somos culpables del mal en el mundo?

—Cien por cien, Brianne, ¿quién si no?

»**Todo es resultado de nuestras acciones, aunque en ocasiones pensemos que son tan insignificantes que no cambiarán nada. Todo tiene consecuencias, desde un mal gesto a una respuesta grosera.**

»Tenemos envidia, somos avariciosos, nos aprovechamos de los demás, nos comportamos mal cuando nadie mira... Por separado nos parecen cosas sin importancia, pero juntas ¡pueden provocar la guerra entre países! Pueden acumularse y volver con consecuencias devastadoras;

lo que pasa es que a veces llegan tan tarde que no vemos su relación con la causa.

Brianne creyó que exageraban. ¿Cómo un mal gesto iba a provocar la guerra en el mundo? Lo que sí debía reconocer era que el final de su matrimonio fue resultado de la falta de amor por sí misma, su falta de autoestima, su deseo de encajar en una vida prefabricada. No había habido una única causa, sino un cúmulo de acciones y decisiones que inevitablemente terminaron, muchos años después, en desastre. Ella misma lo había atraído, aunque hubiera sido de manera inconsciente, solo había sido el resultado de algo que ella había dicho, hecho o pensado antes.

—La buena noticia es que igual que atraes lo malo puedes atraer lo bueno, ¡solo tienes que empezar a sembrarlo! Tú decides qué quieres ver en tu futuro.

Dicho así, ¡sonaba muy bien! Además, se parecía a la ley del espejo. Si quería disfrutar de éxito económico, salud, buenas relaciones..., solo tenía que empezar a sembrarlo, a crearlo en ella misma.

—Brianne, solo tienes que averiguar la causa que provocará los efectos que quieres y trabajar en ella. ¡Así de fácil!

—Ya, pero a veces la vida va tan rápido que hacemos las cosas en piloto automático, sin pensar en las consecuencias. A mí me pasó cuando quería tener hijos, estaba tan obsesionada por ser madre que solo buscaba un padre para mis hijos y no una pareja para mí. Y cuando encontré uno ¡ni lo pensé! Y cometí el error de convertirlo en mi pareja. Y así me fue. No pensé en lo mejor para mí en ese momento.

—Como en Potestia. Allí la gente actúa y toma decisiones pensando solo en el beneficio a corto plazo, que suele ser alguna meta cercana, el placer e incluso el dinero, ¡ese anzuelo en el que pican todos con la falsa promesa de un futuro mejor!

—Pero no siempre podemos predecir las consecuencias de lo que hacemos.

—Claro. Lo importante es darse cuenta de que si lo que tenemos no nos gusta es porque hemos sembrado mal, ¡y solo hay que empezar a sembrar otra cosa! Igual que nuestro presente es el resultado de nuestro pasado, nuestro futuro lo es de nuestro presente.

Aquello era cierto, pero Brianne no entendía, por ejemplo, si el abuso de los supervisores a su amiga Valeria era consecuencia de lo que había sembrado ella, o lo que habían sembrado ellos. ¿Acaso Valeria era en cierto modo la responsable de ese maltrato? Pero ¡si era la víctima!

—Perdonad, pero hay algo que no entiendo aún... La víctima de un abuso de poder sufre las consecuencias de ese abuso, ¿no? ¡No lo ha sembrado ella! ¿No deberían ser los abusadores los que recibieran el mismo trato que dan? No es justo que queden impunes, ¡deberían ser, como poco, despedidos!

—No se trata de buscar culpables, sino causas. Ellos, antes o después, sufrirán las consecuencias de lo que han hecho. ¡De eso no se libra nadie! Están sembrando algo terrible y recogerán algo igual de terrible, ¡no te quepa duda!

—No hay que hacer a nadie lo que no quieras que te hagan a ti, no por los demás, sino ¡porque tú acabarás recibiendo lo mismo! Todo lo que haces a otros te lo haces a ti en realidad, antes o después termina repercutiendo en tu vida. ¿Estás segura de que ellos no reciben un trato similar o equivalente por parte de otra persona?

Brianne se quedó pensativa y, entonces, recordó la conversación que había escuchado en la sala de supervisores. Aquellos hombres le hacían «favores» a la jefa para conservar su trabajo, igual que Valeria se veía forzada a pagar a los supervisores para conservar el suyo. ¡Estaban todos en el mismo juego!

—Tratar de combatir el abuso eliminándolo por la fuerza, es decir, despidiéndoles, no es eficaz ni elimina la causa del abuso. Sería como tratar de apagar un fuego desconectando la alarma antiincendios cuando salta. Ya no oyes el ruido molesto, pero ¡el incendio sigue ahí! O como cuando tomamos un medicamento para eliminar el dolor de cabeza. El dolor ya no está, pero lo que lo causa sigue latente y aparecerá de nuevo en cuanto el efecto del medicamento pase.

—Entonces ¿qué puede hacerse?

—Un primer paso es alejarse para no quemarse o tomar esa pastilla para el dolor. En el caso de tu amiga debería salir de ahí, pero hay que detener la causa del abuso para que no se perpetúe la situación del abusador ni del abusado. Si no se hace, tanto abusador como abusado volverán a serlo en otro trabajo, relación o cualquier otra circunstancia.

—Eso es, Louise. Para olvidar sus penas mucha gente utiliza el alcohol, la comida, las drogas o el deporte para evadirse y evitar afrontar lo que realmente les duele. Incluso tratan de estar siempre rodeados de gente y entretenidos para no tomar la decisión de solucionar el verdadero problema.

Brianne recordó entonces que ella utilizaba la comida para calmar su ansiedad durante la relación con su exmarido. No se sentía valorada ni querida y se refugiaba en los atracones y las magdalenas, usaba los alimentos a modo de premio para consolarse y como castigo por no valer lo suficiente. Pero eso no solo no solucionó su problema, sino que añadió otro: el sobrepeso. No se daba cuenta de que tenía que ir a la raíz, al germen de aquella ansiedad, que no era otro que la falta de amor propio y autoestima. ¡Igual que le ocurría a Valeria!

Marchándose del taller e incluso de Potestia no evitaría que abusaran de ella otra vez en otro lugar, solo sería un alivio momentáneo, pero no definitivo. Huir de allí significaría huir de sí misma y de la responsabilidad de afrontar el verdadero problema que era la falta de valía personal. ¡Eso era lo que tenía que solucionar!

—Cuando algo duele, Brianne, es una alarma, ¡para eso sirve el dolor! Y no se trata de desactivarlo, sino de encontrar el germen, averiguar qué debemos curar para que ese dolor no vuelva a aparecer. De nada sirven los castigos, las prohibiciones ni muchas de las leyes coercitivas de Potestia para evitar abusos, asesinatos, envidias, maldad... Reprimir esos impulsos mediante restricciones no evita nada de lo anterior si no se ataca la causa que los provoca.

Se hizo un silencio. Brianne lo había entendido perfectamente y de hecho eso era lo que había ocurrido en su caso. Hasta que no terminó con la causa de su dolor, no desapareció el consecuente resultado. No trató de impedir que Óscar fuera infiel o la despreciara con su comportamiento. ¿Acaso iba a seguirle a todos lados, ponerle un detective o instalarle una aplicación de rastreo? Eso no valdría de nada, solo conseguiría agobiarse más tratando de controlar a otra persona que no fuera ella misma. Además, si no lo hacía con ella, lo haría con cualquier otra.

Él también tenía un problema que debía solucionar buscando la causa que provocaba que fuera mentiroso, deshonesto e infiel. Pero eso era asunto suyo, igual que abusar era problema de los abusadores y no de Valeria. Sin duda eso que hacían les volvería a ellos de alguna manera, todas las acciones tenían una consecuencia y no se librarían de ella. Ni Valeria ni Brianne tenían que hacer nada al respecto, el fruto de sus acciones regresaría a ellos como un bumerán.

—Creo que ya lo entiendo. ¡No hay víctimas ni verdugos! O sí, pero en realidad son la misma persona: ¡nosotros mismos! Lo que nos pasa no nos lo hacen otros, sino que lo provocamos con nuestras acciones o pensamientos, ¿verdad?

—Así es.

»No se trata de buscar culpables,
si alguien es responsable de lo que nos sucede
somos nosotros mismos.

»No podemos culpar a otros de nuestras desgracias, ya sea nuestro jefe, el gobierno, nuestros padres o el entorno en el que hemos nacido. Atraemos nuestras circunstancias, no somos víctimas de ellas, sino de nuestras decisiones y esas dependen solo de nosotros.

»Así que demos amor, generosidad, buenas intenciones... ¡y eso es lo que recibiremos!

—Chicos, vale ya de tanta cháchara, ¿no? ¡Vayamos a casa!

Era Emmanuel, un chico bajito de piel morena y muy atractivo. Señalaba la casita verde que estaba detrás de ellos, a pocos metros. No era muy grande, pero sí bonita y seguramente estaría decorada con mucho amor, como todo lo que hacían aquellas personas.

—Bueno, yo creo que debo continuar mi camino, muchas gracias por el té y por la conversación, ¡me ha servido de mucho!

—¿Y te vas a ir sin esto? ¡Ja, ja, ja! Ven a por él si lo quieres.

Cuando Brianne levantó la vista vio que Emmanuel se había ido corriendo hacia la casa con Kundha.

—Espera, ¡mi bastón!

La creación

Brianne se puso un poco nerviosa. No le gustaba la idea de que alguien se llevara a su serpiente. ¿Y si le pasaba algo? Además, ¡tenía que entregarla en la cima!

—Tranquila, no te lo va a robar, solo está intentando que vengas a casa a comer algo, ¿no te apetece? Anda, quédate con nosotros un rato más, nos encanta tenerte aquí.

No era mala idea, se quedaría a comer. De hecho, tenía mucha hambre, pero no se había atrevido a mencionarlo porque no tenía dinero para pagar la comida. Pero si la invitaban, era diferente, así que se levantó para ir hacia la casa con los demás, pero, al hacerlo, perdió el equilibrio. Helena, una chica del grupo, alcanzó a sujetarla antes de que cayera al suelo. ¡Estaba muy mareada! Empezaba a sentir cómo su corazón se aceleraba y, por alguna razón, veía los colores más vívidos y vibrantes, sobre todo el verde de la hierba y de la casa.

De hecho, le daba la sensación de que el campo producía una música muy particular. Los árboles también sonaban, las flores... ¡Era precioso! ¡Y olía tan bien! Empezó a caminar más despacio, observando y escuchando a su alrededor. Era como si sus sentidos se hubieran agudizado, como si viera y oyera por primera vez con tanta intensidad, como si estuviera presa de una hipersensibilidad sensorial. ¡Qué cosa más rara! ¿Tendría que ver con aquel lugar? ¿O con el té que había tomado?

La puerta de la casa tenía forma de corazón, como no podía ser de otra manera. ¡Vaya cursilada! Pero era tan bonita. En aquel momento echó de menos a sus hijos, sobre todo a Maimie, su hija pequeña, que se pasaba el día dibujando corazones por todas partes, ya fuera sobre papel, espejos empañados o platos de comida. Dentro de la casa había aún más corazones pintados sobre lienzos, sobre la pared o en forma de esculturas. Aquella casa parecía salida de un cuento.

—¿Te gusta? La llamamos «Casita de los corazones». Todos tenemos un corazón y, como esta casa es de todos, pensamos que sería el mejor nombre. Una casa para dar y recibir amor.

—Sí, son muy bonitos, pero ¿por qué se mueven? ¡Están palpitando!

—No palpitan, Brianne, eres tú, ¡ja, ja, ja! Me parece que el poco té que has tomado te ha hecho efecto. Anda, siéntate un poco en este rincón y enseguida se te pasará.

Pues, vaya, si ella se sentía así de mareada y confusa, ¿cómo se sentirían los demás, que habían tomado una taza tras otra? Enseguida lo descubrió. Desde su rincón, vio cómo algunos integrantes de la comunidad bailaban al son de lo que debía de ser su música interior, porque cada uno iba a su ritmo, expresándose libremente. Ella, a su vez, oía su propia música. No sabía de dónde venía, pero le parecía preciosa y cerró los ojos para escucharla mejor. Además, la luz natural empezaba a molestarle, era demasiado intensa a esa hora del día.

—Brianne, ¿quieres pintar con nosotros?

Abrió los ojos y vio a Emmanuel y Helena pintando sobre la pared, sin lienzo ni nada, como si fuera lo más normal. Si a un hijo suyo se le ocurriera hacer eso en casa le daría un ataque. ¿Acaso no tenían papel o alguna tela? Además, no utilizaban brochas ni pinceles, sino sus manos y su cuerpo. Se restregaban una y otra vez eufóricos sobre los muros de la habitación, pero el resultado, en vez de desastroso, era de una belleza que Brianne jamás habría imaginado.

¿Por qué lo veía todo de repente tan bonito? ¡No parecía real! Las risas de aquellas personas se multiplicaban como un eco en su cabeza y Brianne se sintió verdaderamente feliz. Estaba tranquila, todo era perfecto, como si fuera un sueño. ¿Se habría quedado dormida?

—Emmanuel, necesito a Kundha. ¿Me devuelves mi bastón?

—¿Quién es Kundha?

—Mi serpiente. Tengo que ver si está dormida. Todo esto es muy raro.

—¿Una serpiente? ¿Qué dices? Aquí no hay ninguna serpiente, solo estamos nosotros.

—Claro que la hay, me ha acompañado todo el camino.

—Nosotros no la hemos visto, pero si tan segura estás de eso, quizá es porque está dentro de ti. ¿Por qué no la creas?

—¿Crearla yo? ¿De qué hablas? ¡Kundha ya existe!

—Tú crees que existe, Brianne, y lo que crees... ¡lo creas! ¿Por qué no la pintas? Mira, aquí tienes pintura verde, ¡el color de las serpientes!

—Pero la mía es como un arcoíris, ¡tiene todos los colores!

Emmanuel guio la mano de Brianne hasta la pintura que, curiosamente, estaba fría y su sonido era muy lento. Untó bien todos sus dedos y los guio dibujando una curva sinuosa sobre la pared que a Brianne le hizo recuperar por un instante la pasión por el arte y el placer que le provocaba la pintura. ¿Por qué lo había abandonado poco tiempo después de salir de la universidad?

—Pero yo quiero a mi serpiente de verdad, ¡no un dibujo!

—Pues sácala, Brianne. No puede haber nada fuera que no tengas antes dentro. Si la has podido imaginar, ¡la puedes hacer real!

Aquello sonaba a la ley del mentalismo que Lynne le había enseñado en Apathia. ¿Por qué se mezclaban todas las leyes en la montaña? Todo le daba vueltas...

—¿La ves ya?

Ante la mirada atónita de Brianne, su garabato cobró vida despegándose de la pared para entrar en su cuerpo por su ombligo enroscándose después en su columna vertebral. Sin embargo, no notó ningún dolor, más bien al contrario, era una sensación muy muy placentera y le hacía cosquillas. Pero lo más extraño fue empezar a verse por dentro, como si aquella cosa que comenzaba a ascender en espiral desde su coxis hasta su coronilla llevara bombillas que iluminaran sus vísceras y le mostraran cómo fluía la sangre por sus venas regando todo su interior, bombeada por un corazón grande y rojo que no paraba de sonreír. Pero ¿qué paranoia era esa? ¡Prefería los insectos cabareteros!

Se le erizó el vello, sentía el aire caliente entrando y saliendo de ella a medida que aquel torbellino de energía avanzaba, cambiando de color desde el rojo intenso que había adquirido al entrar en su cuerpo, hasta el violeta brillante en el que se convirtió al salir del mismo y regresar a la pared, donde finalmente adoptó todos los colores del arcoíris a la vez. ¡Era Kundha!

Brianne estaba demasiado relajada, como si la hubieran sedado o anestesiado. ¿Le habrían puesto algo en el té sin su permiso? Pero no podía pensar en eso. La sensación de calma y tranquilidad que la embriagaba le impedía pensar en nada negativo de aquellas personas. Además, ¡eran sus hermanos! Hasta ese día parecía haber tenido claro que ella era Brianne y que había nacido en Originia. Sus padres eran Frank y Rose, y su hermana Maya, su gemela. Pero ahora, de algún modo, se sentía anterior a todo eso, como si ya existiera de antes, ¡como si perteneciera a la montaña, como le había dicho Sarah en Desiria!

Tenía la sensación de estar envuelta en alguna extraña sustancia caliente que la mecía y la acariciaba, una especie de líquido amniótico en el que flotaba plácidamente. Se encontraba tan bien y todo era tan perfecto... Pero ¿aquello era real? Nunca había estado en ningún lugar parecido.

—¡Brianne, Brianne! ¡Despierta! Aquí tienes tu bastón.

Abrió los ojos y vio a Kundha enrollada en él, como siempre. Estaba bien despierta, incluso tenía los ojos mucho más abiertos de lo habitual. Y la que sostenía el bastón ¡era

Lynne! ¿Cuándo había llegado? ¿Y por qué brillaba tanto su túnica verde? ¿Cuánto tiempo había pasado en realidad? ¿Se había quedado dormida? Brianne seguía algo aturdida, pero milagrosamente pudo ponerse en pie ella sola.

—Lynne, qué lugar más extraño...

—¿Por qué lo dices, Brianne? Algo nos resulta raro solo cuando es diferente a lo que estamos habituados, nada más. Lo extraño para ti puede ser normal para otros.

—Sí, lo sé. Pero es que aquí es todo tan bucólico, tan ideal. Todos se quieren, se ayudan, no hay malas intenciones, reinan la paz y la calma...

—¿Y no debería ser eso lo normal, en vez de lo extraño? Lo dices como si eso dependiera del azar, como si tú no pudieras hacer nada al respecto.

Brianne se quedó pensativa. ¿Cómo iba a conseguir ella que todo fuera tan perfecto y amoroso en Originia y en el resto del mundo? Sin duda, ese sería un gran reto, tan grande que parecía imposible. Habría que cambiar a las personas, absolutamente a todas, para que hubiera un mundo mejor. ¿O debía cambiar ella para cambiarlas? ¡Uf! Ahora no se veía capaz de asumir esa responsabilidad ella sola. ¿Acaso los demás no podían hacer nada?

—Lynne, para que todo fuera maravilloso, todos deberíamos serlo, ¿no crees? Yo solo puedo cambiarme a mí y como mucho hacer que eso cambie a los que me rodean. Pero no puedo hacerlo con todo el mundo. ¡Somos demasiados!

**—Pero tú eres parte del todo.
Y si tú mejoras, ¡todo mejora!**

»Imagina un reloj con muchas piezas. Si una de ellas se sustituye por otra mejor, el reloj en sí será mejor después de ese cambio, ¡eso es innegable!

—Ya, pero yo soy una pieza tan pequeña que, aunque mejore, el cambio en el conjunto apenas será perceptible.

—Te equivocas, puedes tener un efecto multiplicador, no subestimes tu poder sobre los demás.

—No te entiendo, yo no tengo poder sobre nadie.

—¿Cómo que no? Todos influimos en los demás, y a la vez, somos influidos por todos. En cualquier sistema, un movimiento en un sentido es amortiguado por otro igual en sentido contrario.

—Ahora te entiendo menos, Lynne. ¿Adónde quieres llegar?

—A ver, cuando alguien se dirige a ti de manera cordial, ¿cómo respondes? ¿Y si alguien se dirige a ti de manera agresiva?

Brianne reflexionó y recordó que los dos empleados del taller de Potestia habían respondido a su sonrisa con otra, y se acordó de aquella vez que un empleado del supermercado se dirigió a ella de manera desagradable sin venir a cuento; se sintió tan agredida que a su vez respondió de malas maneras y aquello, obviamente, no terminó bien.

—Todo lo que hagas vuelve con la misma energía e intención con la que lo entregaste. Ni más, ni menos. Es como dar un puñetazo a una pared. ¿Acaso no se resiste y te devuelve el mismo golpe? Cuanto más fuerte le des, ¡más daño te hace la pared en la mano!

—Sí, eso ya me ha quedado claro aquí, pero ¿qué tiene que ver eso con mejorar el mundo?

—Nuestras acciones, y sobre todo nuestra actitud, tienen un efecto dominó. Si eres amable con alguien, ese alguien se sentirá bien y lo será con el siguiente, y este con el otro, y así sucesivamente. Una pequeña acción tuya influye en muchos, no solo en uno. ¡Las acciones e intenciones se contagian como los virus!

—Es verdad, cuando estoy en un atasco si alguien se pone a pitar enfadado, los demás hacemos lo mismo. ¡Y todos terminamos nerviosos!

—Claro, y seguramente al llegar a casa traslades ese enfado a tu pareja, tu pareja a tus hijos, tus hijos a sus amigos o a sus mascotas... ¡Y cuesta tan poco ser amable y sonreír! Ni te imaginas lo mucho que puedes mejorar el mundo solo con eso.

Lynne tenía razón. Lo de la sonrisa ya lo había comprobado y ahora sabía que todo estaba relacionado. Los comportamientos y actitudes de unas personas solían ser resultado de las de otras y, entonces... ¡Cada persona tenía la capacidad de cambiarlo todo!

—En el mundo existe un sentido de justicia y equilibrio, como si todo estuviera unido por hilos. Si tiras de un extremo, automáticamente algo en el otro lado reacciona para tirar en sentido contrario y así compensar ese movimiento.

»Si metes algo en ese sistema, ese algo rebota y te vuelve para equilibrar la balanza. Eso es gracias al karma.

—¿Gracias a quién?

Lynne se rio.

18

El karma

Brianne no entendía la risa de Lynne. ¿Qué era tan gracioso?

—Gracias al karma, Brianne. No es una persona, sino una fuerza o energía que no vemos, pero que actúa para mantener todo ese conglomerado estable. Imagina una pelota de goma que presionas y se deforma, pero que en cuanto dejas de ejercer presión vuelve a su forma original. Tú has ejercido una fuerza hacia dentro y la pelota, otra exactamente igual, pero hacia fuera. Al final, todo queda como al principio, esa pelota es inmutable.

—¡Ya entiendo! Solo recibes lo que hayas dado previamente y viceversa. Recoges lo que siembras, al fin y al cabo, ¡es lo mismo!

—Así es, pero ahora... ¡vamos a comer! Huele delicioso ahí fuera.

Brianne salió de la casita llena de confianza al saber que, a fin de cuentas, y nunca mejor dicho, todo era justo. Existía la neutralidad, unas cosas compensaban otras. En la montaña no había favoritismos, todo lo que se daba se devolvía. Y ahora tocaba compensar su hambre. Pero al mirar la mesa que habían preparado, no solo se alegró de ver todos los platillos que estaba a punto de degustar, sino que el cartel que presidía la mesa le provocó una gran sonrisa.

Sobre un bonito mantel verde lucían unos platillos de boniato asado, brotes de quinoa, espárragos verdes, mijo, aguacate... ¡Menudos manjares! A pesar del hambre que tenía, se sintió un poco incómoda al aceptar la comida ¡porque no tenía dinero para pagarla!

—Os agradezco un montón la invitación, de verdad, y aprecio mucho vuestra generosidad. Pero me gustaría ofreceros algo a cambio para no sentirme en deuda. En Potestia no me dieron una habitación hasta que demostré que podría pagarla, y allí donde vivo las cosas funcionan igual, ¡todo tiene un precio! Es lo justo y también lo que dice Mister Karma, que parece mandar mucho aquí... Así que al menos dejad que os lave la ropa o limpie la casa; me sentiría más cómoda.

—Claro que no, Brianne, no tienes que darnos nada. De hecho, al aceptar nuestra comida ya nos das mucho, nos alegra comprobar lo afortunados que somos al poder ofrecértela.

»Al ser generosos y amables antes o después seremos recompensados, ¡eso no falla!

»No sabemos cómo ni por quién, pero tampoco nos importa, estamos desvinculados del resultado de nuestras acciones, nos sentimos bien haciendo lo que hacemos, ¡y eso ya es suficiente pago!

—Así es, Brianne, Rómulo tiene razón. Lo que sembramos dará fruto. Tú come tranquila, ¡te encantará! Lo ha cocinado Helena.

Aceptó un poco a regañadientes, pero en el fondo encantada de poder llevarse a la boca aquellas delicias. Sonrió a Helena que, sin duda, ¡no tenía nada que envidiar a Sarah! ¿Darían clases de cocina en aquella montaña?

—Helena, está todo buenísimo ¡sobre todo la quinoa! Nunca había probado una tan buena.

—La clave está en germinarla, ¿sabes? Pero lleva su tiempo. Se necesitan nada más y nada menos que veinticinco semanas para recolectarla tras la siembra y otros siete días más para germinarla.

Brianne recordó su estancia en Desiria y la ley del ritmo, la importancia de darles tiempo a las cosas para que sucedieran. Estaba entendiendo que para crear su futuro tenía que empezar a construirlo en su presente, pero no debía tener prisa, solo confiar en que todo efecto tenía una causa, todo fin un principio... Y cuanto antes se pusiera a sembrar su futuro, antes llegaría lo que ella quisiera.

—Entonces ¿te unes a nosotros? Tenemos mucho trabajo que hacer para cambiar el mundo y cuantos más seamos, mejor. Podemos alojarte en una habitación, siempre tenemos una libre por si viene alguien.

Brianne no contestó, no sabía muy bien qué decir. Ese lugar era estupendo y los ideales de aquellas personas, admirables, pero no estaba segura de que aquello formara parte de su propósito. Aún no sabía cuál era su misión en la vida, tenía que alcanzar la cima para preguntárselo al oráculo, ¡a eso había venido! Y todavía le quedaba más de la mitad de camino.

—Me encantaría quedarme con vosotros, pero no puedo. Pasaré aquí la noche, pero mañana temprano continuaré mi viaje. No me queda demasiado tiempo para llegar arriba y tengo muchos kilómetros que recorrer.

—Lo entendemos. Aquí siempre tendrás tu casa si quieres volver. Te prepararemos algo para el viaje, no hay muchos sitios por aquí donde conseguir comida.

—No sabéis cuánto agradezco vuestra generosidad, ya sé que creéis que no os debo nada, pero siempre estaré en deuda con vosotros.

—En la montaña las deudas no existen, ¡el karma se encarga de cobrarlas!

Se acordó en ese momento de Piotr. ¡Tenía una deuda con él! Y ese tal Karma le daba un poco de miedo. Si no pagaba su entrada, se la haría pagar de alguna manera, ¡en la montaña no querían morosos! Y ella no tenía dinero válido así que, algo temerosa y con un trozo de boniato aún en la boca, se dirigió a Lynne susurrando:

—Estoy preocupada. Piotr me dejó entrar en la montaña sin pagar, con la promesa de pagarle a la salida.

—¿Y cuál es el problema?

—Pues que no tengo dinero. ¿Cómo le voy a pagar?

—¿Te habló de alguna cantidad en concreto?

—No, no, ¡qué va! Acordamos que yo misma pondría el precio cuando determinara el valor de lo que había recibido. Y ese es el problema, Lynne, ¡que estoy recibiendo muchas cosas! Desde la hospitalidad de Desiria y de Cuoria hasta tus enseñanzas y las del resto de los habitantes de la montaña. Gracias a eso estoy consiguiendo borrar esa programación obsoleta que traía de serie ¡y no he pagado nada por ello! Y Louise dice que el karma se encarga de cobrar las deudas. ¿Y si viene a por mí?

—Brianne, ¡qué graciosa eres...! Mister Karma, como tú le llamas, no va a venir a cobrarte nada.

—Entonces ¿no tendré que pagar? ¿Para mí será gratis la entrada?

—De eso nada, la palabra «gratis» aquí no existe. ¡El karma no lo permite!

¡Lo sabía! De hecho, su padre ya se lo había advertido ¡en la vida no había nada gratis! Pero ¿qué podía hacer entonces?

—Tranquilízate, Brianne, no todo se paga con dinero.

—Pues como no quiera alguna de mis camisetas, ¡no tengo mucho más que ofrecer! Lo único de valor que tenía, mis pendientes, los utilicé para pagarle la habitación a don Umberto.

—Tienes mucho más que ofrecer, Brianne, ¡y no hablo de tus riñones! Además, el karma no va a venir porque ya está aquí, y no deberías tenerle miedo.

—¿Dónde, Lynne? ¡No me asustes!

—El karma está en tus acciones, en tus pensamientos, en tus intenciones... No es quien te premia por lo que haces bien y te castiga por lo que haces mal, ¡eso lo haces tú misma! El karma solo es el nombre que se le da al resultado o consecuencia de lo que eres, dices o haces. ¡Tú eliges si quieres premio o castigo!

**»¡Tú creas tu propio karma! Que sea
bueno o malo, solo depende de ti. Si das algo,
recibes lo mismo a cambio y viceversa.**

Brianne se tranquilizó un poco. Que ella supiera, no había hecho nada malo, así que nada malo podía recibir. Y si no había pagado era porque no sabía si había un oráculo ni lo que valdría la entrada. ¡En cuanto lo supiera la abonaría! ¡Claro! ¡Se lo diría el oráculo! ¿Cómo no lo había pensado antes? Solo tenía que preguntarle el precio y pagar a Piotr.

—El oráculo me dirá cuánto debo pagar para que esté contento Mister Karma. No hay tiempo que perder, ¡vamos!

Pero Lynne la miró como si hubiera dicho una tontería.

—Aún no has escrito la cuarta ley para poder salir de aquí; además, no hace falta que escuches a ningún oráculo, Brianne, deberías escucharte tú, ¿sabes?

—¿A mí? Pero ¡si yo no tengo la respuesta! Preferiría escuchar a otro que la tuviera, la verdad, ¡acabaríamos antes!

—Por supuesto que la tienes, lo que pasa es que no la oyes porque no has encontrado tu voz. Creo que deberías ir a Verbia a buscarla.

Brianne sonrió. ¡Verbia! Qué bien sonaba. ¿Sería otra comunidad, un pueblo, una ciudad? ¿Acaso una aldea?

Sacó su pasaporte y el bolígrafo de Piotr sin saber muy bien qué escribir. Sabía que esa cuarta ley tenía que ver con las causas y los efectos y con ese tal Mister Karma, ¡seguro que la había inventado él! Pero estaba todo tan relacionado con el resto de las leyes que le resultaba un poco confuso. Eran solo diferentes puntos de vista de lo mismo: La realidad no era algo externo a ella sino solo la consecuencia de sus pensamientos, que eran la causa de quien ella era ¡y por eso se reconocía en su realidad como en un espejo! Parecía un trabalenguas, pero esa era su conclusión.

Escribió la cuarta ley y fue a buscar a Rómulo y a los demás para despedirse. Lynne se había adelantado para comunicarles su marcha y le habían preparado una gran bolsa de comida. ¿De verdad no tenía que pagar por tanta generosidad? Todos le dieron un gran abrazo deseándole buen camino y Rómulo, con una sonrisa, le pidió el pasaporte.

—Supongo que querrás que te lo selle, ¿no? Veamos si has aprendido algo aquí.

Segura de que había escrito correctamente la ley de Mister Karma, se puso ropa limpia, cogió sus cosas y su bastón y volvió a buscar su pasaporte, donde contempló orgullosa el cuarto sello.

CUARTA LEY:

Todo efecto tiene su causa y toda causa tiene su efecto. Cualquier resultado que obtenga es consecuencia de uno de mis pensamientos, acciones o intenciones previas.

VERBIA

19

Las palabras

Lynne la esperaba unos pasos más allá. A Brianne le daba un poco de pena abandonar aquel lugar tan diferente de Potestia, pero debía seguir adelante.

—Vamos, Lynne, ¡en marcha! Ya me queda menos para llegar a la cima.

—¡Mucho menos! Pero con tanto entusiasmo ni te has dado cuenta. —Le señaló el cartel que adornaba la continuación de su camino.

Efectivamente, parecía que avanzaba rápido. ¿Sería por tener tan claro dónde quería llegar? Esta vez emprendía el camino en busca de su voz, tal y como le había dicho Lynne, para averiguar las respuestas que según ella tenía en su interior. ¿Acaso no se había escuchado nunca? ¿O sería que aún no se había dicho lo que debía decirse? En cualquier caso, Brianne no sabía esas respuestas o, mejor dicho, ¡no las oía!

Lynne andaba delante de ella con una brillante y lustrosa capa azulada que no tenía ni una arruga. ¿Llevaría una plancha de viaje? La camiseta de Brianne, sin embargo, aunque también azul, estaba arrugada. Llevaba todo muy apretado en la mochila para que le cupieran más cosas, pero pronto tendría que lavar algo, se estaba quedando sin ropa limpia y si algo odiaba era ir sucia. Se vislumbraban varias colinas empinadas en el camino, pero daba sus pasos con tanta ilusión y energía que enseguida llegaría a su nuevo destino. ¡Verbia! Confiaba en que sus habitantes fueran tan hospitalarios como en Cuoria o Desiria, ¿por qué no? Y si eran como en Potestia, ¡algo aprendería de ella misma!

No tuvieron que andar mucho para llegar a lo que parecía un pueblo abandonado lleno de callejones sin salida. Lynne y Brianne se adentraron en ellos buscando algún rastro de vida humana, pero nada...

—Lynne, ¿será aquí? Este lugar es muy raro.

Pero Lynne ya no estaba. ¿Se habría perdido por alguno de esos pasajes? Brianne no sabía qué hacer, si seguir buscando a alguien por ahí o ir hasta el siguiente pueblo, ciudad o lo que fuera que debía encontrar. Aunque, si eso había aparecido en su camino, sería por algo, ¿no? Nada era casual en la montaña. A lo mejor había llegado allí para estar un rato en silencio y reflexionar, ¡o para decidir que ese no era el lugar que buscaba! Fuera como fuese, quería salir de aquel laberinto de callejones que, aunque no estaban oscuros, daban un poco de miedo.

Siguió avanzando, trataba de salir de lo que cada vez se asemejaba más a un pueblo fantasma donde no se oía ni un alma. Tendría gracia que aquello fuera Verbia, donde la gente escuchaba sus voces. ¡Ella no oía ni la suya ni la de nadie! Esquivó unos contenedores de basura a la entrada de un edificio semiindustrial. ¿Qué lugar era ese? Supuso que era una antigua escuela o academia, a juzgar por el tipo de edificación y el patio lateral y por los pupitres que se veían a través de una de las ventanas. La puerta estaba entreabierta y parecía vacío, así que se atrevió a entrar a fisgonear un poco. Solo había un pasillo con un montón de puertas que debían de pertenecer a las aulas. Al fondo, vio una puerta más grande anunciando el salón de actos, a donde se dirigió sin pensarlo mucho.

Para su sorpresa, según se acercaba, comenzó a escuchar unas voces enzarzadas en lo que tuvo la sensación de que era una discusión acalorada. ¡Allí había gente! Abrió la puerta despacio y metió la cabeza con sigilo con la intención de no interrumpir lo que fuera que estaba sucediendo dentro. Sobre un gran escenario rodeado de gradas varias personas dialogaban con tanto entusiasmo que no se percataron de la presencia de Brianne.

—No sabes nada, Eliana.

—Tú tampoco, Erwin, ¡nadie sabe nada!

—Si nadie supiera nada, no sería posible el conocimiento, ¿no crees? Y es evidente que el conocimiento existe, ¡alguien debe de tenerlo!

—Por supuesto que existe, pero es una virtud alcanzable por muy pocos.

—Claro, y tú eres una de esos pocos, ¿verdad?

Parecía una conversación filosófica de esas que casi nunca lleva a ningún lado salvo a discusiones y enfados entre las partes. Brianne decidió carraspear un poco para hacerse notar y presentarse. Sin embargo, todos siguieron concentrados en sus pensamientos y dilucidaciones salvo uno, un hombre de estatura pequeña, vientre prominente, ojos saltones y nariz exageradamente respingona que se giró y, al verla, le hizo un gesto para que se acercara y avisó a los demás.

—Uy, hola, ¿quién eres tú?

—Soy Brianne, pero todos me llaman Bri.

—Obviando el hecho de que tu nombre no define quién eres, también dudo mucho de que «todos» te llamen así. Todo extremismo y exageración, querida Brianne, nunca es verdad. Debes cuidar tu lenguaje y ser más precisa.

¡Menudo recibimiento! Si ya se había equivocado al decir su nombre, ¿cómo se atrevería a seguir hablando? Era cierto que no absolutamente todo el mundo en la faz de la tierra (y mucho menos en la montaña) la llamaba Bri, pero sí sus familiares y amigos. De eso estaba segura.

—Bueno, me llama así la gente más cercana.

—Pues nosotros ahora estamos cerca y no te llamamos Bri. ¡Precisión en tu lenguaje, Brianne!

¡Uf! Aquella conversación era una batalla perdida. Y era probable que lo fuera cualquier otra que iniciara en aquel lugar, pero, aun así, decidió seguir charlando. A lo mejor podían indicarle cómo llegar a Verbia.

—¿Cómo os llamáis vosotros?

—Nos llaman, querida «Bri», nos llaman. O nos hacemos llamar, mejor dicho, para eso existen los nombres.

Reformula la pregunta. En Verbia nos tomamos muy en serio el significado de las palabras y su sentido literal.

¡Estaba en Verbia! ¡Eureka!

—¿De verdad he llegado a Verbia? ¡Cuánto me alegro! ¿Es el nombre de este pueblo?

—Verbia es nuestra academia, pero antes de hablar de eso, concluyamos la conversación anterior. Dejar preguntas sin respuestas no es algo con lo que nos sintamos cómodos. Querías saber nuestros nombres, ¿no? Pues yo soy Walter, y estos son Isco, Sofía, Elianne, Calixto, Erwin y el gran Xanti. Discúlpale, es mudo, no podemos oír lo que dice.

Vaya, no se esperaba encontrar un mudo en un lugar donde había ido a encontrar su voz y lo que más parecía gustarles allí era hablar. Sin embargo, y siendo literal como le aconsejaban en aquella academia, Walter no había dicho que Xanti no pudiera hablar, sino que el resto no podía oírle. ¡Qué cosa más rara!

—¿A ti te gusta conversar, Brianne?

—Depende del tema. Prefiero hablar solo de lo que sé, como me ha enseñado mi madre, que es bastante prudente. Dice que si lo que tengo que decir no es mejor que el silencio, que me quede callada.

—Pues veo que no te enseñó a contestar a lo que te preguntan. Reformulo de nuevo. ¿Conversar es algo que a ti, en concreto, te guste y no a tu madre?

Brianne no podía relajarse con esa presión; como veía que la charla iba para largo, se quitó la mochila y la apoyó en una de las butacas azules de las gradas, junto con el bastón y la bolsa de comida. Walter le pedía una respuesta de sí o no, y las cosas no eran así de sencillas. Claro que le gustaba conversar, pero no siempre y no acerca de todo. Había incluso cosas de las que a veces prefería no hablar. Así que contestó lo mejor y más escuetamente que pudo.

—Sí, pero no.

De repente sonó una bocina, como cuando uno se equivoca en los concursos de la tele. Había sido Xanti, que había apretado una trompetilla roja que llevaba en la mano. ¿A qué había venido eso?

—¡Respuesta ambigua! Aquí no toleramos la ambigüedad, como acaba de hacer notar nuestro moderador. De modo que intenta expresar lo que quieres decir para que te entendamos, eligiendo bien las palabras. De lo contrario, de nada sirve hablar y en ese caso sí que es mejor que te quedes callada.

—Está bien, a ver... Me gusta hablar, ¡de hecho hablo por los codos! Bueno, no literalmente. Hablar hablo con la boca.

—¿Estás segura de eso?

»La mayoría de las veces hablamos con el corazón, con el resentimiento, con la voz de otros, o simplemente repetimos lo que hemos oído.

»Pero mejor dejamos ese tema para más tarde. Continúa, Brianne, no quería interrumpirte.

—Decía que me gusta hablar en general, pero a veces hay cosas de las que no hablo porque me siento incómoda o porque desconozco el tema. Digamos que me gusta hablar de lo que sé y de lo que no me incomoda.

—Demasiados temas en tu respuesta. Pero vayamos uno por uno. «Hablar de lo que sabes», por ejemplo. ¿Cómo sabes que realmente sabes eso de lo que hablas?

Vaya, había ido a buscar respuestas y no paraban de hacerle preguntas; empezaba a sentirse acorralada. Intentó zafarse un poco dándole la razón.

—Claro, en realidad no sabemos nada, de eso hablabais cuando he llegado.

—¿Nada? ¿Otra vez esa palabra tan vacía, valga la redundancia?

—¡Es lo que decíais cuando he entrado!

—Ah, entonces ¿te limitas a replicar las palabras de otros? ¿Acaso no tienes voz propia?

¡Pues no! Al menos eso era lo que Lynne le había dicho, y lo que precisamente había ido a buscar. Pero Walter continuó, invitando a los demás a participar.

—Ya que vamos a utilizar una palabra tan vacía como «nada», usemos otra paradójicamente igual de vacía pero contraria a la anterior: «todo». Sofía, ¡tu turno!

—En realidad, sabemos «todo».

»"Toda" la verdad está dentro de nosotros.

—¿Y usas «todo» y «toda» de manera hiperbólica o literal, Sofía?

—Literal, por supuesto. No es ninguna exageración decir que tenemos «todas» las respuestas dentro.

Brianne rio. Le parecía una conversación tan surrealista.

—Yo lo que de verdad tengo dentro son preguntas, Walter, ¡no respuestas!

—Tú dentro tienes muchas más cosas de las que crees, lo que pasa es que no lo sabes.

Se quedó pensativa. Empezaba a sentirse demasiado incómoda y no pensaba irse sin sus respuestas, así que, a riesgo de parecer osada, miró a Xanti pidiéndole que tocara la bocina y contestó a Walter.

—Especifica, Walter. Tu respuesta no es concreta sino ambigua. ¿Qué cosas tengo dentro que no sé? «Cosas» es una palabra... ¡vacía!

—Vaya, vaya. Aprendes rápido. ¡Bienvenida a Verbia!

La obra

En ese momento Erwin intervino interrumpiendo la conversación.

—Walter, es la hora, ¡tenemos que comenzar la obra!

—¡Cierto! Brianne, ¿te apuntas?

—¿Qué obra? Yo no tengo ningún guion.

—¿Guiones? ¡Ja, ja, ja! Tranquila, aquí improvisamos, ¿o acaso crees que dejaríamos que otros nos dictaran lo que tenemos que decir? Aquí cada uno dice lo que es.

¿«Lo que es»? Brianne no entendió muy bien; no sabía de qué iba todo aquello de «la obra»...

—Vale, pero ¿cuál sería mi papel? Además, yo no he actuado nunca, ¡no sé si se me dará bien!

Las carcajadas de los siete resonaron en el auditorio.

—Dice que no sabe su papel ni interpretarlo, ¡qué graciosa! Ay, Brianne, hacía tiempo que no nos reíamos tanto aquí en la academia.

A Brianne no le hacía ninguna gracia que se rieran de ella. ¿Qué era tan gracioso? La invitaban a participar en una obra sin guion, sin saber cuál era su papel y sin tener experiencia como actriz, y encima se lo tomaban a pitorreo. Si así era como trataban a los alumnos recién llegados, no le extrañaba que Verbia estuviera tan vacío. Walter le vio la cara de ofendida y se lo explicó.

—Tranquila, nadie lo entiende al principio, pero para nosotros es obvio. Verás, conoces tu papel perfectamente, de hecho, ¡es el que mejor conoces!

—No me digas que voy a hacer de Brianne... ¡Porque entonces la que se va a reír voy a ser yo!

—¡Pues claro! ¿A quién podrías interpretar si no? ¡Ese es tu personaje y tú eres la actriz!

Primera noticia. La montaña no dejaba de sorprenderla, pero eso era lo más raro que había oído hasta el momento. Resultaba que ella no era ella, sino solo una actriz haciendo el papel de Brianne, ¡lo que faltaba! Si ya estaba confusa sobre quién era o quién debía ser, ¡ahora más! Y aquellos integrantes de la academia solo iban a empeorarlo, aportando uno tras otro sus argumentos.

—Brianne no existe, es solo un producto de tu mente, la representación física de quien eres realmente. La vida es solo teatro, un juego, un sueño, una representación mental, ¡nada es real! La única realidad es la que tú diseñas con el guion que escribes con cada pensamiento, esa es tu obra, ¡tu creación!

—¿Y sabes qué es lo mejor? Que en tu obra puedes elegir el decorado y los personajes, cambiar de acto cuando quieras, incluir giros inesperados... Solo hay una cosa que no puedes cambiar: el personaje principal. Con él empiezas y terminas la función.

Brianne estaba aturdida. Miró su bastón de reojo para comprobar si estaba dormida o no porque, en ese momento, sí le parecía estar dentro de una obra, pero en una de esas cómicas donde nada tiene sentido, un teatro del absurdo con una trama ilógica y ridícula. Kundha la miraba fijamente con esa cara inexpresiva de serpiente que le era de tan poca ayuda.

—Pero, disculpad, no sé si estoy entendiendo bien eso de que yo no soy yo y que la vida es una mera representación mental. Puedo entender que yo creo mi realidad, pero sé que existo y el resto de la gente también, ¡ni que yo tuviera una varita mágica para hacer aparecer y desaparecer las cosas y las personas a mi antojo! Están ahí me guste o no.

—Las cosas están o no están dependiendo de si tú lo decides así. Ese es el poder del observador de la realidad.

»Hay infinitas realidades, pero solo puedes mirar una y esa será, para ti, la real.

—Erwin, no líes más aún a Brianne, que ya veo venir tu historia del gato, que está vivo y muerto a la vez cuando nadie lo mira.

—¿Qué gato? No entiendo.

—Nada, cosas de Erwin. Pero sigamos con la obra.

Brianne miró alrededor. Seguía sin haber ningún espectador, las gradas estaban vacías y no parecía que fueran a llenarse ni siquiera un poco.

—¿Nadie viene a ver la obra? ¿Se trata de un ensayo, quizá?

**—Brianne, la vida es un ensayo, practicamos
una y otra vez para ser nosotros mismos, para
perfeccionar nuestro personaje. Cada vez
que te interpretas te reinventas, ¡te superas!**

—Pero ¡no tiene sentido hacer una obra sin público!

—¿Y qué público esperas? Ya te hemos dicho que eres la única observadora de tu realidad, de tu propia obra. ¡Nadie más puede verla!

—Entonces ¿para quién actúo? ¡No entiendo!

Walter suspiró con aire condescendiente, como si tuviera que repetirle demasiado las cosas.

—Ay, Brianne. Actúas para ti, ¿necesitas a alguien más?

—No, no, pero no sé, pensaba que...

—«Pensabas». Pues no pienses tanto ¡y actúa! Un pensamiento sin acción se queda en eso, en un pensamiento. Y aquí queremos resultados, ¿no buscas eso acaso?

Asintió. Se había ido de Cuoria porque, entre otras cosas, todo eran palabras, buenas ideas y buenos sentimientos, pero las cosas no llegaban a materializarse. ¿De qué servía un ideal si no se transformaba en algo tangible? Pasar a la acción era importante.

—No perdamos más tiempo y empecemos a dialogar. Es importante escuchar lo que tenemos que decirnos cada uno a nosotros mismos, por supuesto.

—O sea, ¿se trata de monólogos? Es cierto que he venido a Verbia a escucharme, pero ¿qué sentido tiene entonces que haya más personajes? Si quisiera hablar conmigo misma lo haría sola.

Walter negó con la cabeza.

—Eres una alumna muy tozuda, ¿eh? El diálogo con uno mismo es imposible. Para que exista, debe haber al menos dos personas, como su propio nombre indica. Si hablaras contigo misma te dirías lo que ya sabes, ¿no crees? O lo que quieres oír, mejor dicho. ¿De qué te serviría eso?

No estaba segura de aquello. ¿No se trataba de escucharse a uno mismo? ¿De oír esa voz interior que le daría las respuestas que necesitaba? ¿No le habían dicho que no se guiara por lo que dijeran o pensaran los demás, sino por ella misma? ¿Por qué entonces para oír su propia voz necesitaba escuchar la de otros?

—Brianne, si actuáramos solos en nuestra propia obra no habría trama, ya que esta es resultado del establecimiento de conexiones entre los distintos elementos de la narración.

—Walter, explícamelo de manera que lo entienda, ¡demasiados tecnicismos!

—Pues que sería un aburrimiento. ¿Con quién ibas a interactuar? ¿Qué elementos sorpresa habría en tu obra? ¿Dónde residiría el interés? Las obras tienen un protagonista, sí, pero son necesarios los actores secundarios para que el protagonista lo sea, ¿no crees? No puede existir el uno sin lo otro. Lo que digas o hagas durante tu actuación, condicionará lo que hagan o digan el resto, y viceversa, claro. Si pregunto algo tú respondes, ¿no? Y no habrías dado esa respuesta si nadie te hubiera preguntado. ¿O acaso te preguntarías a ti misma algo que ya sabes o que no sabes que no sabes?

La cabeza le iba a estallar. Ya no sabía si la obra era suya o de todos, si debía preguntar o si debía responder. ¡Ni siquiera sabía si ella era ella!

—Venga, dejémonos de cháchara y empecemos con el acto primero, ¡la función no puede retrasarse más! Xanti, ¡claqueta!

En ese momento, el integrante mudo de aquel grupo tan extraño hizo sonar una claqueta de cine donde, con tiza blanca, aparecía escrito lo siguiente:

Obra:
LA VIDA DE BRIANNE
Acto primero, Toma 2
kilómetro **350**

Un momento, ¡un momento! ¿Kilómetro 350? Acababa de llegar a Verbia y cuando salió de Cuoria estaba en el kilómetro 310. Eso significaba que estaba avanzando mucho mentalmente en aquel lugar, a pesar de que aún no entendía muy bien lo que estaba ocurriendo. ¿Y lo de «Toma dos»? No recordaba haber interpretado ya la escena uno de aquella supuesta obra. ¡Qué ridículo le parecía todo!

Por si eso fuera poco, a continuación bajaron uno tras otro del escenario y ella se quedó sola allí arriba, sin saber muy bien qué hacer. ¿Ellos no eran parte de la representación? ¿Por qué la habían dejado sola? Esperó a que alguien dijera algo, pero todos la miraban en silencio, como esperando a que ella lo hiciera. Al fin y al cabo, era su obra, ¿no?

—Estoy un poco perdida. ¿Ahora qué hago?

Todos aplaudieron, también Xanti, que no hablaba pero sí que oía.

—¡¡¡Fabuloso, Brianne!!! No puede haber mejor frase para empezar una obra.

—¡No, no! No he empezado, solo pregunto qué debo hacer, cómo empiezo. ¿Digo algo, hago algo, alguien me va a acompañar en el escenario?

—¡Perfecto, perfecto! Profundizando y matizando las preguntas, ¡eso es! Ya sabía yo que serías buena alumna.

¿De qué hablaba? Sí, eran muchas preguntas, ¡y tenía muchas más! Pero si nadie contestaba no valdrían de nada. Miraba sus caras en busca de alguna respuesta, pero no parecía que nadie tuviera intención de abrir la boca.

—¿Qué pasa, que me las tengo que contestar yo?

El público se puso en pie.

—¡¡¡Bravo, bravo!!! Has optado por una obra autorresolutiva, ¡magnífico! ¿Y decías que no habías actuado nunca? ¡Ja, ja, ja! Estás haciendo tu mejor papel, ¡veo tu mejor versión sobre el escenario! Preguntas que responden preguntas... Y en cuanto a la sucesión de estas, ¡simplemente perfecto! ¿Qué opináis el resto? ¿Elianne? ¿Calixto?

—A mí me está encantando. El personaje principal, en este caso Brianne, reconoce estar perdida y sin saber qué hacer, para, acto seguido, preguntarse cómo debería actuar o qué debería decir para encontrarse. Esa pregunta es en sí misma una respuesta, pues da por supuesto que puede hacerse o decirse algo para cambiar la situación inicial y empezar el proceso de búsqueda de lo perdido.

—Pues a mí me ha gustado la duda posterior de la protagonista acerca de si dicha búsqueda de respuestas la haría o no en compañía, para concluir, al final, que inevitablemente se trata de una búsqueda en solitario.

—¡Exacto! Nadie más que ella puede darse esas respuestas. Pero al menos sabe lo importante: que está perdida y quiere encontrarse.

Brianne los miraba atónita. ¿Tendrían razón y estaría presenciando la obra de su vida y a la vez actuando en ella? Su intención no había sido hablar de sí misma, sino de lo que iba a ocurrir en aquel lugar, la pieza de teatro que iban a representar. De algún modo y sin saber de dónde, todas esas preguntas habían salido por su boca y delatado sus verdaderas inquietudes. ¿Había hablado ella o su voz interior? ¿De verdad no era más que la actriz que interpretaba a Brianne siguiendo el guion que ya existía en su interior? La situación empezaba a darle un poco de miedo. Todo aquello suponía, desde luego, un nuevo paradigma. ¿Y si realmente no era quien creía ser?

—Bien, pues pasemos al segundo acto. ¡Los contrarios! Xanti, ¡claqueta!

Los contrarios

Igual que en el acto primero, Xanti indicó con la claqueta el comienzo del segundo acto que, para asombro de Brianne, indicaba su llegada al kilómetro 400. Le parecía estupendo, pero no sabía a qué venía el título del acto. Dedujo que lo entendería a medida que transcurriera la obra.

Obra:
LA VIDA DE BRIANNE
Acto segundo, Toma **1**
kilómetro **400**

Entonces ¿debía seguir hablando ella sola? ¿Dónde estaba ese supuesto diálogo del que le había hablado Walter? Ellos no intervenían, se limitaban a dejarla hablar para después opinar sobre su monólogo. ¿Eso era una conversación? ¿Y no decían que no necesitaba público? Pues era precisamente lo que estaban haciendo, ser espectadores de su vida y no actores secundarios. Demasiadas incongruencias en ese lugar...

Sin embargo, en ese momento, Calixto subió al escenario siguiendo las indicaciones de Walter y empezó a conversar. ¡Por fin habría diálogo!

—Muy bien, Brianne, empecemos a contestar a tus preguntas. ¿Qué vas a hacer ahora?

Por alguna razón, a ella ese «empecemos» le sonaba más bien a un «empieza», porque le había quedado claro que allí no le darían las respuestas que necesitaba. Se suponía que estaban dentro de ella y solo tenía que dejar que esa voz interior hablara. Y, aunque parecía que Calixto había subido al escenario a «dialogar», Brianne dedujo que lo único que haría sería dirigir su monólogo. Así que les siguió el juego y contestó.

—Voy a llegar a la cima y preguntar al oráculo qué debo hacer con mi vida.

—Vaya, ¿aún sigues esperando respuestas de fuera?

—Es que es un oráculo, ¡lo sabe todo!

—¿Y acaso tú no?

—Claro que no, si lo supiera todo, no estaría aquí.

—¿Y no será que crees que no sabes lo que ya sabes?

Pues ni idea, podría ser. Pero, un momento. Aquello no parecía un diálogo sino un interrogatorio. Calixto no dejaba de hacerle preguntas incómodas, de esas a las que Brianne no le gustaba contestar.

—Ya os dije al principio que no me gusta hablar de lo que no sé o de lo que me hace sentir incómoda. Así que prefiero no contestar. ¿Podemos cambiar de tema?

—Poder, podemos, pero la pregunta es si debemos. Dos verbos bien diferentes, ¿no crees? Una cosa es lo que puedes hacer, y otra lo que debes.

—Y entonces se plantean dos nuevas preguntas, cada una no menos interesante que la otra: ¿Debes hacer lo que puedes? ¿Puedes hacer lo que debes?

El último que había intervenido era Walter, que indicó a Calixto que bajara del escenario, dejando a Brianne de nuevo sola ahí arriba ante la atenta mirada de los demás. Sin duda eran dos cuestiones complicadas a las que no era fácil dar solución. Si ella podía hacer algo, ¿debía hacerlo? No hacía mucho, cuando volvía de su viaje en Ferrari, se había dado cuenta de que, en realidad, podía hacerlo todo y que, por error, se había creído en la obligación de hacerlo. Se ocupaba de la casa, de los niños, de Óscar, trabajaba... y todo lo hacía con la devoción de quien cree estar cumpliendo su deber.

Sin embargo, intentar hacer todo aquello de lo que era capaz la había llevado a olvidarse de sí misma, había concluido en un agotamiento vital que terminó por restar sentido a su vida. Y ahora que ella sabía que podía hacer (y ser) casi cualquier cosa que deseara, ¡quería elegir bien! No quería caer en la trampa de intentar abarcar todo sin enfocarse en nada y mucho menos descuidarse. Pero ¿cómo saber en qué centrarse? ¿Cómo saber qué sueños, aptitudes o dones debía desarrollar o perseguir?

Y, como había dicho Walter, la otra pregunta no era menos importante: ¿Podía hacer lo que debía? ¿Y si no estaba preparada para descubrir su misión o propósito en la vida? O para aceptarlo, más bien. Porque Brianne recordó también que no siempre estuvo lista para hacer lo que debería haber hecho. Fue copiloto de Óscar durante años cuando, en realidad, debería haber dirigido su vida, haber elegido su propio camino. ¿Y si no conseguía cambiar del todo esa programación que la obligaba a elegir una y otra vez la misma ruta? De nada le servía buscar respuestas en la montaña si no estaba preparada para escucharlas, ¿no?

De repente, se apagaron las luces y se quedaron en la más completa oscuridad. ¿Qué ocurría? ¿Se había terminado la función así, sin más?

—Chicos, ¿y la luz? ¡No veo nada! ¡No me gusta la oscuridad!

—Si no te gusta la oscuridad, tampoco puede gustarte la luz, Brianne, ¡es la misma cosa!

¿Quién había hablado? Le parecía la voz de Elianne, pero no estaba segura. Brianne respondió, sin saber muy bien a dónde ni a quién dirigirse. No se veía absolutamente nada.

—¿Cómo va a ser la misma cosa si es justo lo contrario?

—¿Lo contrario? ¿Estás segura? ¿Y en qué momento la luz deja de serlo para convertirse en oscuridad y vicever-sa? ¿Cuál es el límite? ¿Acaso no son ambas cosas simplemente grados de iluminación? Si es así, lo uno es la ausencia de lo otro y por tanto una de sus cualidades.

—¿Podéis encender la luz para que sigamos hablando?

—¿Quieres decir que apaguemos la oscuridad? ¡Ja, ja, ja! ¿Cuánta menos oscuridad es luz para ti, Brianne?

Todos rieron, pero aquella broma tampoco le hizo ninguna gracia. ¡Solo quería ver algo! Miró a todos lados tratando de entrever alguna cosa, pero solo alcanzó a ver dos puntitos verdes brillando en la oscuridad... ¡eran los ojos de Kundha! Estaba despierta, por lo que ella también lo estaba. ¿Por qué no encendían de una vez aquellas malditas luces?

—De verdad, no veo la necesidad de hablar a oscuras, ¡no estoy cómoda!

—Parece que la incomodidad es algo recurrente en ti, ¿verdad, Brianne?

Eso no lo había pensado. Ciertamente había muchas cosas que le incomodaban, ¡como a todo el mundo! Era imposible que le gustara todo.

—Pues sí, me incomoda, por ejemplo, la oscuridad, el frío, el desorden, la incertidumbre...

—Demasiadas cosas, en efecto. ¿Y lo contrario te agrada? Quiero decir, ¿te gusta el calor, el orden, la luz, la certidumbre...?

—Claro, ¡eso sí!

—O sea, que eres una persona de extremos.

»No todo es blanco o negro, frío o caliente, oscuro o luminoso... Los extremos son simplemente el lado opuesto de la misma cosa. Para estar en equilibrio deberías buscar el justo medio entre el exceso y el defecto. Ahí está la virtud, Brianne, ahí encontrarás armonía y estabilidad.

—Bueno, pues encended la mitad de las luces, ¡me conformo con una iluminación tenue!

—Ay, qué graciosa eres, Bri. ¿Puedo llamarte así? Ya somos amigos, ¿no?

Brianne no sabía si considerar amigos a aquellas personas, pero después de haber escuchado lo que Walter acababa de decirle y aunque no había entendido nada, tuvo el ingenio de responder algo que le dejaría estupefacto.

—Amigos o enemigos, ¿qué más da? ¡Son la misma cosa!

—¡Vaya! Veo que lo has entendido entonces. ¡Chica lista! Son los dos polos opuestos de la amistad, igual que el frío y el calor lo son de la temperatura. Lo bonito y lo feo son los dos extremos de la belleza, el blanco y el negro lo son del color, lo masculino y lo femenino del género...

—Vale, vale, ¡lo he pillado! Pero no sé a dónde quieres llegar.

—Lo que importa es a dónde quieres llegar tú, Brianne.

—¡Yo quiero llegar a la cima! Ya os lo he dicho.

—Obsesionarte demasiado por llegar arriba puede hacerte perder la perspectiva de lo que hay abajo y, sobre todo, de lo que hay en medio, es decir, tu camino.

»Es como tratar de ser espiritual negando o evitando lo terrenal o viceversa. La clave está en no dejarse llevar por los extremos.

Vale. De momento, no iban a encender la luz, así que más le valía acostumbrarse a ello porque la conversación iba a transcurrir en esas condiciones.

—Además, arriba y abajo son la misma cosa, igual que en los círculos, por decirlo de alguna manera. Los extremos se tocan, siempre se llega al mismo punto y a ninguna parte a la vez, ya que si no paras de caminar llegas al lado contrario y de nuevo al de partida.

Brianne recordó lo que le dijo Lynne con respecto a la ley del ritmo, eso de no poder permanecer en el mismo lugar, de que el camino continúa en sentido contrario y que, en el mismo momento que llegas arriba, comienzas a descender. Pero en cuanto al amor, no lo veía tan claro.

—Si eso fuera así, todo el mundo volvería con su ex, ¡ja, ja, ja! A veces se pasa del amor al odio y no hay vuelta atrás, ¡te lo aseguro! No se vuelve al amor otra vez.

—Si odias a alguien, en realidad, le sigues queriendo porque te mantienes dentro del paradigma del amor. Afecto y odio son solo la dualidad del amor, sus polos opuestos.

—Entonces ¿nunca puedes dejar de querer a alguien?

—¡Por supuesto que puedes! Siempre que escapes de esa dualidad y consigas, por ejemplo, la indiferencia. Así, ya no estarás experimentando amor, ni en su grado máximo ni en su grado mínimo.

A Brianne eso le pareció lógico.

—¿Y cómo se consigue eso? Dejar de odiar a alguien que te ha hecho daño no es fácil.

—¿Qué haces cuando tienes frío?

—Pues pongo la calefacción o me tapo con una manta.

—Exacto, buscas el calor, igual que buscas la luz, como ahora, cuando hay oscuridad. No buscas algo fuera de esa dualidad, sino el extremo contrario para llegar al equilibrio.

—O sea, que para dejar de odiar tengo que amar, ¡no hay otra opción!

—No, no la hay. Para revertir algo debes buscar su contrario e ir hacia él. Solo trabajando en la misma naturaleza de las cosas puedes cambiarlas.

**»Nada es tan bueno ni tan malo como parece
y, cuanta más separación percibas entre
los dos polos, más conflictos internos tendrás.
Debes buscar la unidad en el todo.**

—Pero ¡es muy difícil amar a quien odias!

—Igual de difícil que tener luz en la oscuridad, pero solo tienes que buscar el interruptor y encenderla.

¿Le estaba diciendo que encendiera las luces ella misma? ¿O que buscara el amor dentro de sí misma para querer a alguien a quien no tenía mucho aprecio? Óscar, por ejemplo. Solo cuando lograra quererle, aunque fuera un poco, escaparía de esa dualidad y le sería indiferente. Ciertamente, Óscar tenía cosas buenas, y estaba segura de que, si se esforzaba, conseguiría quererle por ellas o, al menos, no odiarle tanto. Nadie es tan bueno ni tan malo, en realidad...

—Muy bien, Brianne. ¡Creo que estás lista para pasar al tercer acto! Xanti, ¡luces!

22

El baile de máscaras

¿Luces? ¡Bien! Por fin parecía que las iban a encender, pero también que la función aún no había terminado. Eso sí, esperaba que se tratase de una obra en tres actos y no más, porque aquella conversación se le estaba haciendo muy larga. Había ido a buscar su voz y, si bien estaba hablando mucho, no había encontrado las respuestas que necesitaba.

De pronto, un gran foco teatral la iluminó desde arriba, deslumbrándola de tal manera que no podía abrir los ojos. ¡Vaya plan! En ese momento le pareció que Walter tenía razón cuando le dijo que los extremos se tocan y en realidad son lo mismo: con demasiada luz o con demasiada oscuridad ¡no veía nada! Poco a poco su vista se fue adaptando a la nueva iluminación y vio las caras de aquellas personas ¡entre las que ahora estaba Lynne! ¡Había llegado! Observaba a Brianne desde una de las butacas azules de la sala, mientras Xanti entró de nuevo en escena con la claqueta:

Obra:
LA VIDA DE BRIANNE
Acto tercero, Toma 1
kilómetro 400

Vaya, seguía en el kilómetro 400. ¿Qué pretendía? ¿Una maratón sin moverse del lugar?

—Brianne, ¡comienza el baile de máscaras!

—¿De qué baile habláis? ¿Tengo que bailar sola? Además, no he traído ninguna máscara. ¿Y si cambiamos el título del acto? Nada de «Baile de máscaras». Algo así como «Brianne encuentra su voz y sigue su camino».

—Me gusta el toque cómico que le das a tu obra. Y claro que has traído una máscara, ¡todos llevamos una!

—No es de las cosas que suelo llevar en el bolso, ¿sabes? Meto las llaves, el dinero, el móvil... Ni siquiera he traído una en la mochila, apenas cabe nada y he venido con lo justo. Una máscara no es algo que considere imprescindible, ¿sabes?

—Entonces ¿por qué la llevas?

—¿Yo? ¿Dónde, Walter? ¡Te aseguro que no llevo ninguna! Si ni siquiera he traído maquillaje. No pensé que me hiciera falta, y mucho menos una máscara para disfrazarme.

—Así es, en la montaña no hacen falta disfraces, así que debes quitártela. Si no, no verás lo que hay debajo.

—Ah, ¿crees que la llevo puesta? No, no, esta soy yo, tal cual me veis.

—Eso no es verdad, Brianne.

»Todos tenemos una máscara para ocultar nuestros miedos, vergüenzas, culpabilidades y preocupaciones reprimidas que no mostramos para ser aceptados.

Brianne tragó saliva. ¿Sería eso verdad? ¿Qué tendría ella que ocultar? ¿Y ocultárselo a quién? ¿A ella misma a lo mejor? Walter había dicho que si no se la quitaba no vería lo que había debajo, y eso la había dejado muy confusa. Era cierto que en el pasado había intentado ser quien no era para encajar en su relación y en el esquema de vida que parecían haber diseñado otros para ella. Entonces sí que quizá llevaba una máscara, pero ¿ahora? ¿A quién seguía engañando?

—Brianne, quizá uses tu máscara para no ver alguna parte de ti que no te atreves a aceptar. Solo escondemos lo que no nos gusta o lo que creemos que no debemos mostrar.

Lynne, al ver su cara de preocupación, sonrió y subió al escenario colocándose delante de Brianne. Xanti enseguida iluminó a la actriz entrante en escena con el foco, proyectando una larga sombra detrás de ella.

—Brianne, ¿qué ves delante de ti?

—Te veo a ti, Lynne.

—¿Estás segura de que me ves a mí, todo lo que yo soy? ¿O solo lo que está iluminado?

—Está claro, y nunca mejor dicho, que solo veo lo que está iluminado. Lo que queda en la sombra no lo puedo ver.

—Entonces no me ves a mí, sino solo una parte de mí, y yo no soy una parte, sino alguien completo.

—Pero es casi imposible ver algo en su totalidad. Si lo miramos de frente no vemos su parte trasera, si lo miramos de un lado no lo vemos del otro. Y, como dices, si hay una parte sin luz, ¡esa tampoco la vemos!

—Bien, así que entiendes que todo es una unidad resultante de la suma de sus contrarios, ¿verdad? Cualquier lado tiene su opuesto y ambos forman parte de la misma cosa.

—Eeeh, pues no. ¿Qué significa eso?

—A ver, yo soy la suma de mi parte delantera y mi parte trasera, de mi lado izquierdo y mi lado derecho, de mi lado externo y mi lado interno, de mi lado en luz y mi lado en sombra... ¡todo forma parte de mí, somos uno!

—¿Como las dos caras de la misma moneda?

—Eso es, no es más moneda la cara que la cruz, las dos se necesitan para serlo, ninguna lo puede ser sin la otra.

—Ya entiendo.

—Brianne, ¿ves esa mancha larga y oscura que sale de mi cuerpo y se dibuja en el suelo?

—Claro, ¡es tu sombra!

—Cierto, y no existiría sin mí porque también es parte de mí, ¡es mi proyección! Es verdad que parece fría y oscura, que no está tan definida y que ni siquiera se corresponde con la forma de mi cuerpo, pero ¡soy yo! No puedo evitarla ni mucho menos negarla, me acompaña siempre.

En ese momento Xanti iluminó a Brianne. Era evidente que querían que dijera algo, pero ¿qué? Lynne siguió con las preguntas.

—Brianne, ¿ves tu sombra?

—Bueno, tendría que girarme para verla.

—Si no la ves, ¿cómo sabes que está ahí detrás? Lo has dado por hecho.

—Claro, es mi sombra. Si se me ilumina con una luz, se proyecta una sombra, ¡es inevitable! No hay luz sin sombra.

Lynne sonrió. Sin darse cuenta, Brianne se había dado la respuesta. ¿Habría sido de nuevo su voz interior? ¿Esa que lo sabía todo y a la que solo había que escuchar?

—Exacto, no puede existir la luz sin la sombra, ni la sombra sin la luz. Pero siempre vamos buscando la luz, y mirando solo ahí, no vemos la sombra.

—Ya, pero ¿de qué me vale mirarla? ¡Es solo una sombra!

—¿Acaso no recuerdas cómo empezaste tu obra? Dijiste que estabas perdida, que no sabías qué hacer o decir. Entendí que buscabas respuestas, tu propósito.

—¿Cómo lo sabes? ¡Si no estabas aquí!

—Claro que estaba. Recuerda que tu obra no empezó aquí, también estabas perdida en Apathia y me temo que mucho antes. Tu obra lleva años representándose, exactamente los mismos que tienes tú.

—Aunque eso fuera verdad, ¿qué tiene que ver con mi sombra?

—En nuestra sombra está todo lo que no queremos ver de nosotros, todo lo que no aceptamos. Por eso es oscura y está detrás de nosotros, la negamos inconscientemente, hacemos como si no existiera, como si no fuera nuestra. Tu sombra es el polo opuesto de tu luz, ¡lo que hay detrás de tu máscara!

Brianne no quería nada oscuro, feo o desagradable en

su vida y mucho menos en ella misma, y estaba dispuesta a
ver eso que decía que escondía o no se atrevía a aceptar.

—¡Pues yo no quiero esa sombra, Lynne! ¿Cómo puedo eliminarla y sacar a la luz eso que no veo?

—Tú lo has dicho, ¡sacándola a la luz, iluminándola!
Solo así se eliminan las sombras. ¿No te ha dicho Walter
que para cambiar algo debes dar más fuerza a su contrario?

**»Dando luz a tu oscuridad podrás
integrarla y conocerte mejor para hallar
el equilibrio que necesitas. Y, cuando
lo hagas, te darás cuenta de que la
sombra es parte de tu luz, no es
algo ajeno a ella.**

—Iluminar mi sombra suena bien. ¿Cómo se hace?

—¡Mirándola de frente y sin miedo! Acéptala, consien-
te que sea parte de ti.

Brianne creía que entendía todo eso de las luces y las
sombras, pero prefirió confirmarlo con Lynne por si acaso.
Algunos conceptos no le resultaban fáciles de comprender
y asimilar.

—¿Significa eso que debo reconocer que soy aquello
que niego ser? O sea, que si pienso que no soy egoísta, por
ejemplo, ¿es porque de alguna manera o en algún grado
también lo soy? ¿Que también está en mí, en mi sombra,
aquello que me incomoda?

—¡Exactamente! Lo que rechazas de ti, lo que te molesta de los demás... ¡eso es tu sombra!

¡Se parecía a la ley del espejo! Era justo lo que había

aprendido en Potestia, a verse en los demás para descubrir eso que resultaba ser ¡su sombra!

—Todos tenemos distintos grados de bondad y maldad, de generosidad y tacañería, de masculinidad y feminidad... Los dos polos son necesarios para el equilibrio y solo cuando los armonices y los integres serás una persona completa y te sentirás en paz. Cuando reconozcas tu lado oscuro, aceptarás el de los demás, comprenderás que el que te agrede tiene su lado amable, que el que te roba tiene su lado generoso... De esa manera no te sentirás engañada ni agredida, y serás más compasiva contigo misma cuando cometas errores o cuando veas que eres, en ciertos aspectos, algo que no te gusta.

Brianne agachó la cabeza. Tenía tanto en lo que pensar. Quería iluminar su sombra para saber qué tenía que cambiar en su programación y para eso usaría los espejos, como había aprendido en Potestia. Y una vez viera lo que no le gustaba de ella, lo aceptaría y trabajaría en su contrario, ¡caminaría hacia la luz que eliminaría su sombra! ¡Parecía tan fácil y tan difícil a la vez! Pero había algo que aún se le escapaba.

—Pero si logro eliminar mi sombra iluminándola, ¡la perderé! Antes Walter dijo que los dos polos deben coexistir para el equilibrio, las cosas fluyen de un lado al opuesto en un constate flujo y reflujo, pero si elimino uno de los polos, ¿no se desequilibrará todo?

—No puedes deshacerte de tu sombra. Cuando eliminas una, ¡aparece otra!

En ese momento, Xanti movió el foco e iluminó a Brianne lateralmente, de modo que su sombra, antes detrás de ella al estar iluminada frontalmente, cambió de lugar.

—Ahora vemos iluminado otro aspecto de ti, pero este también tiene su sombra. Imagina que has trabajado tu generosidad, has reconocido que en ocasiones puedes llegar a ser tacaña y lo has aceptado. Esa sombra ya está integrada, pero tienes otras cualidades o defectos que necesitan compensación y que, aunque en un momento estén compensados, pueden dejar de estarlo ante determinadas circunstancias.

—Claro, me considero una persona paciente, pero a veces pierdo la paciencia, y si eso se agrava en situaciones difíciles, debería esforzarme por restablecer el equilibrio.

—Sí, y debes ser consciente de que todo lo bueno contiene a su vez lo malo y viceversa. Cuando sientas que algo está mal, contigo o con los demás, piensa que también hay algo de bueno en eso, ¡búscalo hasta que lo encuentres! Y, de la misma manera, cuando lo bueno te parezca demasiado bueno, trata de encontrar los aspectos negativos, aunque a simple vista creas que no los tiene.

—O sea, que ni nada es tan bueno como parece, ni nada es tan malo. Todo es dual, todo tiene su opuesto, lo uno forma parte del otro y debo aceptar ambas cosas, ¿verdad?

—Así es, las negativas para aprender de ellas y fortalecerte y las positivas para disfrutarlas.

—Sí, es verdad.

—Pues lamento decirte, Brianne, ¡que la verdad tampoco es verdad del todo!

—¿Qué quieres decir? ¿Algo no puede ser verdadero o falso?

—No, ¡nada lo es! De nuevo, son solo extremos de la misma cosa.

»Todas las verdades son semiverdades, siempre hay varios puntos de vista de la misma cosa y tú solo ves una, la que queda iluminada desde tu posición.

»Es importante ser consciente de que hay información que queda en la sombra y que por eso nunca se tiene la razón absoluta ni se conoce toda la verdad. De ahí que el diálogo con otras personas es importante, escuchar sus versiones de la misma historia para completar tu información y tu verdad.

Brianne entendió en ese momento que nunca estaría en posesión de la verdad absoluta y que, por tanto, mantener una postura rígida ante ciertas circunstancias no tenía sentido. Podía creer en algo fervientemente y, sin embargo, cambiar de opinión después al conseguir más información y estar más cerca de la verdad. Igual que cambió de opinión sobre Lynne y Piotr a medida que avanzaba en la montaña.

—Así que relájate, Brianne. Nada es lo que parece a simple vista, hay que mirar desde muchos lados, ¿sabes? Ver la verdad desde un punto diferente al nuestro, tratar de entender opiniones contrarias a las nuestras, considerar maneras diferentes de hacer las cosas...

—Saber que todo tiene su contrario, que no hay luces sin sombras y que no estoy en posesión de la verdad absoluta me ayudará en mi camino y a conocerme mejor, a dar más información a mi voz interior para que me dé respuestas más acertadas.

De repente, todos se pusieron en pie y aplaudieron a Brianne.

—¡¡¡Bravo, bravo!!! Ha sido una obra estupenda, ¡un aplauso a la protagonista!

Encantada de que aquello hubiera terminado, aceptó los aplausos e hizo un saludo teatral. Ayudada por Lynne, bajaron del escenario entre la ovación de los miembros de Verbia.

—Gracias, chicos, he encontrado muchas de las respuestas que buscaba, ¡creo que no me queda mucho para llegar a la cima!

—Seguro que no, pero recuerda que la obra no ha terminado, la representas todo el rato, ¡tú decides el siguiente acto!

Brianne asintió. Eso era algo que no olvidaría y, como agradecimiento, invitó a todos a comer los víveres que le había dado Rómulo.

—No te quedará nada para el camino. ¡Aquí hay mucha comida!

—Ya me las arreglaré, seguro que consigo más. En Cuoria aprendí que cuanto más das, más recibes, y aquí en Verbia que si quiero evitar la escasez solo tengo que trabajar la abundancia, ¿no es eso? ¡Son polos opuestos! ¡Así que comamos!

Lynne sonrió y Brianne le devolvió la sonrisa. Estaba orgullosa de sus progresos, y seguro que Lynne también.

—Brianne, creo que debemos irnos después de comer, ¿no crees?

—Sí. Mi estancia aquí ha concluido. Tengo muy clara la quinta ley y estoy deseosa por conocer la sexta. ¿Dónde puedo aprenderla?

—Bueno, la sexta ley te encantará. ¡O eso creo!

—¡Seguro que sí! Estoy abriendo los ojos, Lynne. En la montaña me parece estar despertando una y otra vez a cada paso. Las cosas no son como yo pensaba antes de entrar aquí. Creo que mi programación de verdad está cambiando, ¡no veo la realidad como antes!

—Me alegro. Verás que tu vida pronto cambiará, ¡será como tú quieras que sea! Sobre todo cuando aprendas la sexta ley y te des cuenta de que puedes atraer lo que tú quieras a ella.

—¿De verdad eso es posible? ¿Atraer las cosas como un imán?

—Sí, como un imán, ni más ni menos.

No se lo podía creer, ¡esa montaña era mágica de verdad! Jamás habría imaginado que su viaje fuera tan fructífero, que aprendería tantas cosas que desconocía. ¿Cómo podía haber estado tan ciega? Y eso que creía que había despertado cuando dejó a Óscar y tomó las riendas de su vida.

Comió con ganas, con la ilusión de llegar al siguiente lugar, que aún era una sorpresa. Le empezaba a gustar lo desconocido, ya no le daba miedo ni le causaba ansiedad la falta de control o la imposibilidad de planificar sus siguientes pasos. ¡Ni siquiera tenía miedo de pasar hambre! Y se dio cuenta de que estaba alcanzando el equilibrio en ese punto, reconociendo que lo desconocido también tiene su lado bueno, que podía ofrecerle cosas que lo conocido no podía. La quinta ley le había dado una nueva perspectiva de quien era ella y, por ende, los demás.

Cuando se hubo llenado bien la barriga, sacó su pasaporte, escribió la quinta ley, y pidió a Walter que se lo sellara. No tenía ninguna duda de que sería él quien lo haría.

QUINTA LEY:

*Todo es dual, todo tiene un opuesto sin el cual
no puede existir y con el cual forma la unidad.
Para cambiar algo, solo debo modificar
su polaridad yendo hacia su contrario.*

INTELLIGHIA

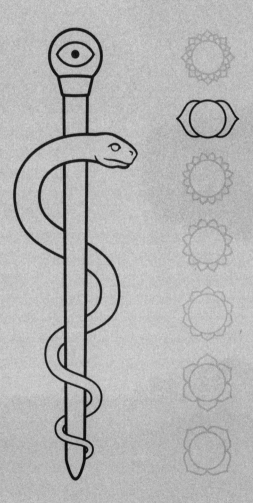

23

Los inventores

Después de dar las gracias a todos, Brianne se despidió.

—¡Recuerda usar el lenguaje con propiedad! Es lo más importante.

**»¡Las palabras lo son todo! Contienen
el germen de tus pensamientos,
¡son tu voz interior!**

—Sí, Walter, lo tendré en cuenta, ¡muchas gracias!

Lynne y Brianne salieron de la academia. Brianne esperaba encontrar un nuevo cartel de kilometraje, pero no había ninguno y Lynne pareció leerle los pensamientos.

—Acepta los tiempos. Te has emocionado por todo lo que has avanzado en Verbia, pero no por mucho correr llegarás antes, debes integrarlo totalmente para poder evolucionar, no tengas prisa.

—Tienes razón, Lynne, pero estoy tan ansiosa por llegar arriba...

—Entonces es un buen momento para cultivar tu paciencia ¿no crees? ¡Equilibrio, Brianne!

Lynne tenía razón. Lo bueno de la ley que acababa de aprender era que le daba la pista de qué cambiar, algo imprescindible para mejorar la versión actual de sí misma y dejar atrás la programación obsoleta. La idea de convertirse en una Brianne 2.0 la emocionaba, ¡y aún más la de una versión 3.0, 4.0 y así sucesivamente! ¿Hasta qué versión de sí misma podría llegar? ¿Con qué versión volvería a su casa para sorprender a sus hijos, sus padres, su hermana y sus amigos?

Pero ahora debía trabajar la paciencia para conseguir su siguiente actualización. Caminaron en silencio un largo rato, aunque en la cabeza de Brianne no dejaban de tener lugar diálogos internos bastante interesantes en torno al concepto de «verdad», aun a sabiendas de que no eran más que monólogos que solo hablaban de lo que ya sabía. Pero estaba bien eso de recordarse las cosas y ser consciente de lo que ya sabía, así que repasaba su vida mentalmente buscando aquellas veces en las que quizá había estado posicionada en algún extremo, con alguna opinión radical que creía que era la acertada.

Y vio que, en realidad, nunca había tenido razón ni la tendría, ¡ni ella ni nadie!

Como cuando les decía a sus hijos que debían tener la habitación perfectamente ordenada. Hasta ese momento había pensado que tenía razón, que era innegable que tener una habitación impoluta era la mejor opción. Pero preocuparse en exceso por el orden era tan malo como despreocuparse del todo. Les robaba tiempo para otras cosas, no permitía la creatividad, ni el desorden creativo... Y ahí precisamente estaba la clave, en reconocer la necesidad del equilibrio entre los dos polos como en una batería. Sin la tensión entre ambos no habría energía, ¿no? Y energía era lo que le empezaba a faltar a Brianne...

—Lynne, el camino se me está haciendo un poco duro. Es demasiado empinado, ¿no crees?

—Bueno, para llegar arriba habrá que subir, digo yo. Y el camino a la cima es cada vez más arduo, pero tampoco es para tanto.

—Es que estoy en una condición física lamentable, la verdad.

—Supongo que no es necesario que te diga que un poco de ejercicio te vendría bien. No hace falta que seas campeona olímpica, pero tampoco que, a tu edad, te sofoques subiendo estas cuestas.

—Ya, ya lo sé. Pero me resulta tan complicado hacer deporte, o dejar de comer lo que me gusta...

—Enseguida sabrás cómo hacerlo, no te preocupes.

—¿Lo aprenderé en el siguiente nivel?

—Espero que sí, pero ya te lo explicarán ellos.

—¿Ellos? ¿Tú los conoces?

—Claro que los conozco, recuerda que yo vivo aquí.

—¿Y cómo son? ¿Les caeré bien?

—Afán de control e impaciencia, Brianne. Aún debes trabajar en eso.

¡Vaya! A Lynne no le colaba ni una. Cuando estaba casi con la lengua fuera, llegaron a un edificio blanco muy grande y moderno, todo lo contrario a Verbia. ¿Por alguna razón sería lo opuesto?

A estas alturas de la montaña Brianne ya se cuestionaba todo, buscaba el sentido de las cosas con todo lo que había aprendido.

Tenía cierta lógica que, si debes conocer los dos polos opuestos para acercarte a la verdad, viera ahora algo totalmente diferente a Verbia, donde se usaba el lenguaje para llegar a conclusiones personales fruto del intercambio de ideas.

Con esto en mente, Brianne entró en el edificio seguida de Lynne. La luz era interesante, extraña, como si todo estuviera bañado por rayos ultravioletas. La capa de Lynne, azul celeste en Verbia, ahora se veía de un tono índigo profundo, una mezcla del azul original con el violeta. Aquello se asemejaba a un laboratorio, pero no había nadie, salvo una persona en lo que supuso que era la recepción. Llevaba un traje con gorra azul marino o, al menos, eso parecía bajo esa luz. Tenía toda la pinta de ser personal de seguridad.

Brianne se acercó a preguntar.

—Disculpe, ¿no hay nadie?

—No, Intellighia está cerrado. Hoy es festivo, ¿no lo sabía? Hasta dentro de dos días no vuelven los empleados. Salvo los inventores, claro, ellos siempre están trabajando en la sexta planta.

El guardia de seguridad se acercó más a Brianne para susurrarle algo al oído.

—Se comenta que ni siquiera duermen para proteger sus inventos. ¡No paran de hacer experimentos! Y se rumorea que puedan haber creado una poción para permanecer despiertos todo el día. ¡Algunos dicen que quizá se hayan convertido en vampiros!

—¡Qué interesante! ¿Y podría verlos?

—¡Uy, qué va! Todo lo que hacen en su sala es secreto. Ni siquiera dejan entrar al personal de limpieza. Están un poco locos, ¿sabe?

—Vaya. Bueno, ¡muchas gracias!

Se dio la vuelta para hablar con Lynne, pero ya no estaba. Tenía el don de desaparecer en cuanto Brianne se daba la vuelta, pero no le extrañaba. Se había dado cuenta de que, cuando lo hacía, era para dejar que ella avanzara sola. ¡Y eso le parecía bien! Ya había demostrado que era capaz de arreglárselas por sí misma y esta vez no iba a ser menos. ¡Conocería a los inventores costara lo que costase! ¿Qué tenía que perder? Así que, cuando el guardia de seguridad no miraba, fue hacia los ascensores y subió a la planta sexta, que era un largo pasillo con un sinfín de puertas, todas numeradas. ¿Dónde estarían aquellos genios creadores?

Fue puerta por puerta esperando encontrar alguna pista que le indicara cuál era el laboratorio secreto de aquellas personas. ¡Y la encontró! En una de ellas leyó algo que llevaba unas horas deseando leer:

kilómetro
540

¡Ahí era, seguro! Apoyó la oreja sobre la puerta esperando escuchar algo, pero no se oía nada. Como no se atrevía a abrir sin llamar, golpeó con los nudillos esperando una respuesta que no llegó. ¿Debía entrar? Bueno, solo se asomaría a mirar un poco, así que abrió la puerta con cuidado e introdujo la cabeza.

Aquello era como una exposición de probetas e ingredientes raros en tarros de cristal herméticos y muy ordenados, clasificados con etiquetas de colores. Pero lo más raro era una tortuga metida en una jaula en una de las esquinas del laboratorio y varios instrumentos musicales. ¿Qué hacía todo eso allí? ¿Acaso experimentaban con animales? ¿Tenían un grupo de rock y usaban el laboratorio para sus ensayos? No había nadie, de modo que decidió entrar, ¡no había llegado hasta allí para nada! Una vez dentro, fisgoneó por todas partes hasta que se dio cuenta de que una cámara de vigilancia redonda como un ojo y tres veces más grande de lo normal, seguía sus movimientos. ¡La iban a pillar!

Retrocedió del susto y chocó con la gran mesa verde esmeralda que presidía la sala. Se le escapó un pequeño grito de dolor.

—¡Auch!

De repente, un gallo se puso a gritar. ¡No lo había visto! Estaba en otra jaula en el extremo contrario de la sala y no paraba de batir las alas cacareando para dar la señal de aviso. Brianne pensó en salir corriendo antes de que la descubrieran, pero no le dio tiempo. Tres personas con batas blancas entraron agitadas en la sala por una puerta contigua.

—¡Eh, tú! No habrás tocado nada, ¿verdad?

—No, no, solo estaba mirando.

—¡Eso es casi peor! ¿Acaso no sabes que podrías influir en lo observado?

Miró extrañada a aquel hombre de barba blanca y anteojos gruesos. Parecía un inventor loco y sus palabras así lo constataban. ¿Que podía influir en aquello con solo mirarlo? ¿De qué hablaba? El guardia de seguridad quizá tenía razón y aquella gente estaba un poco loca. Pero, de momento, no la habían echado. Ni siquiera le habían preguntado su nombre.

—Soy Brianne, perdonad por haber entrado aquí de esta manera, es que...

—Tus excusas no nos incumben, ¿sabes? ¡Son solo palabras! Aquí lo que importa realmente son los volúmenes, los pesos, las cantidades... ¡los números! Esos sí que dicen la verdad, y no toda la palabrería barata que pueda salir de tu boca.

Vaya. En este lugar no valoraban las palabras, sino los números, ¡lo contrario que en Verbia! A Brianne siempre le habían gustado las matemáticas y, por ende, la física y la química ¡y también pensaba hasta hacía poco que los números no mentían! Pero, tras pasar por Verbia, sabía que algo de mentira había en todas las verdades, aunque no fuera evidente, pero prefirió callarse.

—El universo está escrito con el lenguaje de las matemáticas, Brianne, y en eso nos basamos aquí para estudiar y mejorar la raza humana. Por cierto, yo soy Miriam, la jefa del laboratorio.

¡Espera! ¿Además de experimentar con animales lo hacían con humanos? ¿Y si la utilizaban de conejillo de Indias? Brianne leyó el nombre de la mujer en el pecho de su bata, y el de sus compañeros: Nicola y Joël. Nicola enseguida bajó los humos a Miriam, señalando la cámara de seguridad que vigilaba la estancia.

—¡Ya te gustaría! El verdadero jefe aquí es ese, Hermés 3.0, el que todo lo ve, ¡ja, ja, ja! ¿Acaso creías que no te habíamos visto entrar?

Brianne se quedó callada, ¡incluso le habían puesto un nombre a la cámara! No sabía qué decir.

—Tranquila, si estás aquí es por tu serpiente. Como ves, nos gustan mucho los animales.

Brianne miró su bastón y de nuevo sintió miedo por Kundha, igual que en el hotel de Potestia. ¿Qué tipo de experimentos hacía esa gente en aquel laboratorio? Desde luego, no iba a dejar que usaran a Kundha para ningún experimento y mucho menos a ella.

24

El oro

Brianne decidió hacer preguntas para averiguar qué se traían entre manos. Debía de ser algo muy importante y secreto para no dejar entrar a nadie y, además, necesitar semejante cámara de vigilancia. Tal y como le había dicho el guardia, ni siquiera salían de allí para proteger sus experimentos y dedujo que comían y dormían en la sala contigua de la que habían salido minutos antes.

—¿Qué son todos esos tubos de ensayo?

—Algo único, Brianne. Pero no toques ni mires nada. Es importante no contaminar la muestra.

—Lo de no tocar lo entiendo, pero ¿lo de no mirar? Antes habéis mencionado que podía influir en algo con solo mirarlo. ¿Cómo es eso?

—¿Acaso tú no te comportas de manera diferente cuando eres observada?

—Bueno, sí, pero...

—Aquí trabajamos a escalas nanométricas y las leyes físicas a este nivel cuántico no son las que tú conoces. A ese nivel suceden cosas extrañas.

»No existen los hechos objetivos, ¡son solo una ilusión! La realidad depende de quien la mira, ¡es totalmente subjetiva!

Eso le sonaba. Sabía que ella veía «su realidad», pero no que pudiera alterarla con solo mirarla.

—Lo que pasa es que casi siempre nos creemos observadores porque nos hemos separado de lo observado, porque tenemos juicios y opiniones sobre lo que vemos. Si transmutaras, tu propia percepción te confirmaría esto.

—¿Transmutar?

—Sí, eso estudiamos aquí, la transmutación del ser humano. Ya hemos conseguido transmutar metales comunes en oro, así que, ¿por qué no hacer lo mismo con las personas?

—¿Convertirlas en oro? ¿Para qué? El oro ni siquiera puede usarse en la montaña como medio de pago.

—¿Usarlo? ¡No queremos usarlo, Brianne! El oro, junto con la plata y el platino, son metales nobles, y eso es precisamente lo que buscamos en las personas, ¡la nobleza!

—¿Convertirlas en miembros de la realeza? A mí me gustaría ser una reina, ¿sabes? ¡Y mi hija cree que es una princesa!

La broma no le hizo gracia a nadie. Aquella gente parecía tomarse muy en serio su trabajo, así que pensó que sería mejor escuchar con atención. Nicola prosiguió con la explicación.

—El oro es noble porque no reacciona a otros metales: ni se oxida ni se corrompe en contacto con ellos, ¡permanece inalterable! Así deberíamos ser nosotros y buscar la nobleza de nuestra alma, no reaccionar de inmediato cuando alguien interactúa con nosotros enfadándonos, alegrándonos, asustándonos o cualquier otra emoción que surja de la interacción. Si nos tomáramos el tiempo de responder en vez de reaccionar, nos iría mejor.

—Sí, es verdad, yo a veces cuento hasta diez antes de contestar cuando alguien dice algo que me incomoda, porque si no, ¡digo lo que no quiero decir!

—Pues en ocasiones sería mejor contar hasta veinte. O hasta veinte elevado a veinte. Algunas cosas necesitan mucho tiempo de reposo y silencio, como los metales que tenemos aquí en los tubos y las personas cuando transmutan.

—Me gustaría saber más de la transmutación, ¿en qué consiste?

—Como te hemos explicado, la transmutación consiste en pasar de lo común y corriente a lo perfecto y sublime, ¡ir de lo ordinario a lo extraordinario! Se trata, en definitiva, de convertirnos en nuestra mejor versión.

—¡Eso es justo lo que yo quiero! ¡Ser Brianne a la enésima potencia!

—En realidad... Antes deberías saber algo.

Todos se quedaron en silencio y se miraron unos a otros. ¿Saber el qué? ¿Acaso aquello tenía algún efecto secundario del que debería estar al tanto?

—Verás, para empezar, aún no hemos conseguido que el ser humano transmute por completo. Seguimos investigando, pero, por alguna razón, el ser humano no llega nunca a su mejor versión, solo se aproxima infinitesimalmente. Es cierto que se perfecciona en el proceso de transmutación, pero dicho proceso parece no tener fin. Llevamos años siendo conejillos de Indias de nuestro propio experimento, pero hasta ahora no hemos conseguido que ninguno de nosotros sea perfecto, siempre somos mejorables en algún aspecto.

—Entonces ¿nunca podré llegar a ser mi mejor versión?

—¡En realidad sí!

>>**Si consigues ser cada día un poco mejor que el anterior, ya habrás logrado alcanzar tu mejor versión, nunca habrás sido mejor, ¿comprendes? Se trata de una mejora continua.**

»Pero lo más curioso, Brianne, es lo que ocurre durante el proceso, algo que hemos descubierto por casualidad durante nuestra investigación. Las serendipias son muy comunes en la ciencia, ¿lo sabías?

Sí, Brianne había oído hablar de descubrimientos casuales resultado de otras investigaciones, como ciertas vacunas o productos que después habían tenido mucho éxito. Pero ya no creía en las casualidades, sino en las «causalidades». Todo lo que ocurría era fruto de una causa o varias, aunque aquellas personas no supieran cuales. Las leyes de la montaña le estaban haciendo entender muchas cosas, y esperaba aprender pronto la sexta ley, ¡era a lo que había venido y no a una clase de ciencias! Pero le resultaba tan interesante lo de la transmutación y la posibilidad de acercarse más a su mejor versión que pidió que le siguieran explicando.

—Resulta que los humanos, en su proceso de transmutación, digamos que adquieren ciertos poderes.

—¿Poderes? ¿Qué clase de poderes? ¿Como los de los superhéroes?

—No exactamente, pero más o menos.

—¿Cómo que más o menos? ¿Sí, pero no? Sé que preferís los números a las palabras, pero la concreción en el lenguaje es importante para haceros entender y comunicar con eficacia vuestro mensaje. ¿De qué poderes habláis?

—Está bien, a ver cómo te lo explico. Digamos que desarrollas el poder de atraer todo lo que quieras a tu vida. Te conviertes en una especie de imán humano cuando te vuelves consciente del proceso.

¡¡¡Bien!!! Estaban a punto de revelarle lo del imán como le había adelantado Lynne, ¡la sexta ley! ¡Justo lo que ella quería! Con eso de la transmutación y los superpoderes le daba la sensación de estar a punto de ser la protagonista de una película de ficción de esas que veía con sus hijos, donde el actor principal se transformaba al tomar un brebaje, exponerse a radiación o ser picado por algún insecto venenoso. Y si ella transmutaba, ¿qué le pasaría? ¿Qué hacían en realidad con esos metales? Entonces le surgió la duda de que si cambiaba su aspecto, sus hijos la reconocerían al volver a casa o no. ¡Ella no quería cambiar demasiado!

—Pero, si empiezo a transmutar, seré la misma, ¿verdad? ¿O me transformaré en otra cosa?

—¿Acaso el plomo sigue siendo plomo cuando se convierte en oro? ¿Acaso tú eres la misma de ayer? Una pequeña variación te convierte en alguien diferente, Brianne, igual que la mejora de una parte mejora el todo.

¡Como el reloj del que le había hablado Lynne en Cuoria! ¡Algo muy pequeño tenía el poder de cambiarlo todo! En ese momento los demás intervinieron. Parecían no estar del todo de acuerdo.

—Yo creo que el plomo sigue siendo plomo, pero en un estado diferente, ya que ha logrado perfeccionarse y ser eso que estaba destinado a ser. ¿No es ese el fin último, la nobleza y la perfección? Digamos que es el mismo, pero no igual.

—Pues yo creo que el plomo ya era oro, pero aún no había desarrollado toda su potencialidad. Todos somos nobles desde el principio, pero no lo sabemos.

Vaya, ¡qué confuso era aquello! Si cambias o evolucionas, ¿sigues siendo el mismo pero perfeccionado o alguien diferente? ¿O ya eres lo que estás destinado a ser, como las semillas que se convierten en árboles? ¿Son semillas o son árboles? Y por el camino son brotes, esquejes, árboles pequeños, ¿cuál es la verdadera identidad de un árbol? ¿Y la de Brianne?

Ella estaba cambiando cada día en la montaña, cada kilómetro que avanzaba la convertía en alguien diferente, en distintas versiones de ella misma, cada una mejor que la anterior.

¿Estaría ya transmutando sin saberlo? ¿Se convertiría en oro al llegar a la cima o el proceso continuaría como le habían dicho? Recordó que Piotr le había comentado que la cima estaba en el kilómetro 700, pero que si se quedaba allí el tiempo suficiente llegaría al 1.000, y seguramente después al 2.000 y al 3.000... ¿Acaso la montaña era infinita igual que la transmutación humana? Pero también había aprendido que al llegar arriba empezaría a bajar... ¡no entendía nada!

Fuera como fuese, quería saber más, sobre todo de aquel poder que parecía el mejor de los poderes del mundo.

—Entonces, Brianne, ¿estás segura de querer «esa magia»? Ten en cuenta que deberás mantenerlo en secreto, mucha gente no lo entendería y te trataría de loca.

—Sí, no hay problema, se me da muy bien ocultar cosas, ¡sobre todo heridas!

—Está bien. Pues empecemos por el principio. Te será más fácil entenderlo si tomo como ejemplo los metales. Lo primero que debes saber es que la mayoría de los metales, tanto los comunes como los nobles, están compuestos de solo tres elementos en distintas proporciones y calidades: el mercurio, que es este líquido metálico que ves aquí, y el azufre, que es este polvo amarillo. Esos son los dos elementos primordiales.

—¿Y el tercero?

—El tercero es la sal, que hace de ligazón. ¡Seguro que ya la conoces! De la misma manera, las personas estamos compuestas de tres elementos: cuerpo, mente y espíritu. O, dicho de otra manera, el plano físico, el mental y el espiritual.

—Vale, pero ¿cómo se transforman esos metales en oro?

—Si la única diferencia entre los metales comunes y los nobles es la proporción y calidad de esos tres elementos, ¡solo hay que manipularlos para conseguir convertir uno en otro!

Miriam le hizo un gesto a Brianne para que se acercara

a la mesa de madera verde esmeralda, donde estaban los cuatro tubos de ensayo.

—Mira, aquí tenemos estaño, plomo, cobre y hierro, cuatro metales comunes. Lo que estamos haciendo es separar sus tres elementos para después purificarlos y destilarlos a fuego lento, algo que no es ni fácil ni rápido. Cualquier cosa que merezca la pena nunca lo es.

—Sí, Brianne, llevamos cada uno de esos elementos a su esencia eliminando cualquier tipo de impureza. Y eso mismo es lo que debes hacer tú. Eliminar lo que sobra, básicamente, todo aquello que estorba y no aporta nada.

—¿Cocinándome a fuego lento? ¡Ja, ja, ja! Vale, vale, ya me callo.

—Sí, mejor, porque lo que te vamos a explicar es sumamente importante y no es para tomarlo a broma.

**»Es fundamental purificar y limpiar
cada uno de tus tres elementos
–cuerpo, mente y espíritu– para que la
combinación de los tres, bien gestionada
y en las proporciones adecuadas,
te dé el resultado que buscas, es decir,
la nobleza, la perfección de tu ser.**

»O, al menos, te aproximes de manera infinitesimal al límite superior de tu perfección, que es de lo que se trata.

A Brianne le había quedado claro que no iba a tostarse ni a churruscarse en un horno para llevar su cuerpo, mente y espíritu a un estado óptimo, pero ¿cómo se hacía entonces? No podía ser algo sencillo, e intuía que tampoco indoloro, y eso le daba un poco de miedo.

—No duele, ¿verdad? Es que mi umbral del dolor no es muy alto que digamos.

—Pues depende de cómo lo mires. ¿Qué es el dolor?

—Una sensación desagradable que no quiero experimentar, una señal de que algo no va bien.

—Pero si no sientes dolor, ¿cómo vas a saber qué es lo que no va bien para cambiarlo y mejorarlo? El dolor es necesario, ¡y es precisamente el catalizador de la transmutación humana!

25

La vibración

Brianne recordó en ese momento que gracias al dolor llegó de Apathia a Desiria, donde aprendió que tenía que buscar esas heridas ocultas que le dolían en silencio para poder curarlas. Después, en Potestia, había comprobado que el dolor era como un despertador que hacía que despertaras a una vida mejor, y que podías identificar lo que te dolía con solo verlo en los demás. En Cuoria le habían explicado que, además, el dolor era como una alarma de incendios que indicaba dónde estaba el verdadero problema, y en Verbia supo que sin dolor no habría placer, ¡porque eran los dos extremos de la misma cosa! Y en Intellighia le estaban diciendo que el dolor era el catalizador del cambio, lo único que podía acelerar su transmutación a su mejor versión.

Nunca habría imaginado que el dolor tendría aquellas funciones tan importantes, así que a partir de ahora no desearía no sentir dolor, porque entonces, ¡no se convertiría en Brianne a la enésima potencia! De repente, Lynne entró por la misma puerta por la que lo había hecho ella hacía un rato.

—¡Lynne, has venido!

—¡Claro! ¿Acaso pensaste que iba a perderme tu transmutación? Creo que justamente te están explicando algo que ya sabías, ¿no? ¡El dolor es un regalo! Si aprendes a ver lo bueno en él, te indicará dónde está tu oportunidad para cambiar, ¡para transmutar! Solo debes mirarlo de frente y atravesarlo, ¡igual que el miedo!

»Recuerda que no hay nada malo ni bueno, ¡lo uno está contenido en lo otro! Si ves el dolor solo como una desgracia, te anclarás en él y entonces lo perpetuarás, ¡se convertirá en sufrimiento!

»Permanecer en uno de los extremos de algo solo te traerá malestar, inquietud y desasosiego. Aprende a mirarlo bien arrojando luz sobre él, ¡camina hacia el placer que te brinda el dolor al superarlo!

Vaya. El dolor era fundamental para conseguir algo mejor, ¡era el impulsor del cambio! Brianne recordó de nuevo que necesitó sentirse realmente mal en su relación con Óscar para entender que debía salir de ahí. Hasta que no le dolió lo suficiente como para no poder soportarlo, no fue capaz de hacerlo. En su momento lo vio como algo horrible, pero, en realidad, fue un regalo. ¡Lynne tenía razón!

—Tienes que ver qué te duele en cada uno de los tres planos y trabajar en ello. Busca lo que te molesta, lo que no te hace sentir bien, lo que no es como te gustaría en tu cuerpo, tu mente o tu espíritu.

Al ver la cara pensativa de Brianne tratando de averiguar si le dolía algo, Lynne le recordó que podía usar la ley del espejo para ver su dolor, su sombra, y entonces caminar hacia su luz para lograr el equilibrio. Miriam, por su parte, le dio otra pista muy importante para encontrarlo.

—El dolor siempre está ligado a un apego y en cuanto lo dejes ir, el dolor desaparecerá. ¡Nunca falla! Busca tus ataduras físicas, mentales y espirituales y rompe esos lazos. Unos serán más fáciles de romper que otros, pero una persona sin apegos es una persona noble. Igual que nosotros tenemos que romper las moléculas de los metales para separar sus partes, así debes hacer tú, librarte de tus ligaduras para recuperar la esencia de cada elemento.

—No sé si lo he entendido bien. La verdad es que yo estoy muy apegada a mis cosas, ¡sobre todo a mi móvil! Y a mi ciudad, al dinero, a mi seguridad física, a mi familia y ¡sobre todo a mis hijos! ¿Cómo voy a romper esos lazos? No quiero desentenderme de ellos.

—Desapegarse no significa desentenderse ni dejar de responsabilizarse. Tampoco es dejar de quererlos, ¡todo lo contrario! El amor es más grande cuando no sientes apego, cuando no tienes miedo a perderlos, a que les pase algo. Los lazos, sobre todo los emocionales, nos atan y no nos dejan ser libres, y si amamos desde la necesidad y no desde la libertad de no necesitar nada, no será verdadero amor, sino dependencia.

De nuevo Óscar volvió a su mente. ¡Dependía tanto de él emocionalmente que era su prisionera! El lazo que le ataba a él le impidió separarse durante mucho tiempo, ¡y fue tan difícil romperlo! Eso sí que le dolió. Nicola quiso añadir algo más para que Brianne lo entendiera.

—El apego a lo material es el peor. Te sientes mal si no tienes tus cosas, si no tienes acceso a tu móvil, si no tienes dinero, comida, un lugar donde dormir... La clave está en poder tenerlos sin necesitarlos, sin sufrir el día que no los tengas, ¿entiendes?

—¡Es verdad! Aquí en la montaña me ha faltado todo eso y al principio lo pasé mal. No dejaba de quejarme, de echarlo de menos. Pero ahora veo que no lo necesito, que puedo estar bien sin ninguna de estas cosas. Si las tengo, genial, pero puedo seguir siendo igual de feliz sin.

—Claro, de eso se trata, de estar bien tengas o no tengas, seas o no seas... Que nada externo a ti te perturbe, Brianne. Eso solo se consigue dejando ir, soltando apegos.

—Y eso incluye hábitos y también pensamientos, ¡sobre todo pensamientos! Creencias que te limitan, programaciones mentales que te perjudican, miedo al futuro, culpabilidad por el pasado... Todo eso debes soltarlo si quieres transmutar y conseguir el poder.

—Y debo olvidarme de la comida basura, ¿verdad? Y de quedarme despierta hasta tarde, no hacer ejercicio...

—¡Por supuesto! La alimentación, el descanso y el cuidado personal son fundamentales. Y no menos importante es depurar y limpiar toda la información almacenada en tu memoria.

»Nútrete de conocimientos y experiencias valiosas, olvídate de todo lo que te han dicho que te haga sentir mal, incapaz o poco merecedora.

Todas esas cosas ya las sabía. Debía comer mejor y hacer más deporte, y ya había empezado su reprogramación para tener otro tipo de pensamientos que se tradujeran en emociones positivas que, a su vez, la condujeran a hacer las cosas que necesitaba para crear la realidad que ella quería. Se estaba librando de viejos patrones, hábitos y falsas dependencias que no le habían traído nada bueno a su vida. Pero lo del plano espiritual no lo tenía nada claro.

—La depuración del plano físico y mental me queda clara, pero ¿cómo depuro mi plano espiritual? Yo no soy religiosa.

—La espiritualidad no tiene nada que ver con la religión. Se trata simplemente de tu vida interior, de tu cosmovisión, tu manera de entender tu relación con el mundo, con los demás y contigo misma.

—Ah, ¿te refieres a mi propósito? ¿Mi lugar en el mundo? Aún tengo mucho que descubrir ahí. Pero en cuanto llegue a la cima el oráculo me dará la respuesta.

Se hizo un silencio en el laboratorio, nadie quiso decir nada al respecto y, de nuevo, a Brianne le surgieron las dudas de si el oráculo existía o era solo un cebo publicitario.

—A mí me sirven los paseos por la naturaleza y la meditación, las visualizaciones... También el ayuno de vez en cuando y sobre todo el silencio. Ahí es cuando mi voz interior me habla de mi propósito y mantenemos una conversación muy productiva.

—Déjala, Nicola, que vaya a su ritmo. Ya sabe que la transmutación es un proceso lento y arduo, no es tan ingenua como para pensar que al llegar arriba se solucionarán todos sus problemas.

Pues sí, ¡lo era! Brianne aún tenía la esperanza de obtener la respuesta del oráculo. Sabía la pregunta exacta que le iba a hacer, y confiaba en que la respondiera. Seguramente aquellos científicos, inventores o chiflados, daba igual como se llamaran, nunca habían llegado arriba. Había comprobado una y otra vez que la gente que encontraba en su camino jamás había salido de donde estaba, así que ninguno de ellos podía haber visto el oráculo. Solo lo veían las personas que llegaban al kilómetro 700, ¡y ella lo conseguiría!

—Así, una vez purificados los elementos ¿ya tendré el superpoder?

—No, Brianne, en los metales, una vez purificados el mercurio, el azufre y la sal, debemos juntarlos de nuevo según las proporciones del oro y solo entonces se obra el milagro. En los humanos es igual. Deberás unir cuerpo, mente y espíritu de manera que esas tres facetas no se puedan separar porque son la misma cosa. Que tu ser sea indivisible, que lo que hagas en tu mente afecte a tu cuerpo y a tu espíritu y viceversa con todas las combinaciones posibles. No podrás hacer nada en un plano que no afecte a otro.

—Así es. Una vez hayas integrado los tres planos en uno y comprendas que hay una realidad única subyacente a todo lo que existe, podrás transformarla a tu antojo atrayendo todo lo que quieras.

—¿Todo? ¿Incluso el dinero? ¿O la salud? Y, por qué no, ¿el amor?

—Todo es todo. Será tan grande tu poder que parecerá magia. Pero antes, deberás aprender a controlarlo para conseguir lo que quieres o, de lo contrario, funcionará en tu contra. Joël, explícaselo tú, ¡es tu campo!

Vaya, ¡como en las películas! Tenía lógica que un superhéroe o un mago aprendiera a hacer uso de esas facultades especiales y sobre todo aprendiera a protegerlas. Así que Brianne se sentó como una alumna aplicada dispuesta a escuchar la lección que más le interesaba.

—¡Cuéntame, Joël! Te aseguro que estaré bien quieta aquí en la silla prestándote toda mi atención.

—Me temo que eso no será posible.

—¿Cómo que no? ¿Acaso no me vas a explicar nada?

—Digo que es imposible que estés quieta. Por mucho que no quieras moverte, es inevitable. Y de eso se trata, precisamente.

»La quietud no existe, todo está en continuo movimiento, incluso tú, aunque creas que permaneces inmóvil. Todo se mueve, ¡todo vibra!

Lo de que nada era permanente salvo el cambio ya lo había asimilado, pero que, además, todo estuviera vibrando ¡era nuevo para ella! Brianne intentó captar alguna vibración a su alrededor, algún temblor del suelo o algo parecido, pero no se movía nada.

—Disculpad, pero no noto ningún movimiento, ¿acaso estamos en un lugar con actividad sísmica?

—Si lo quieres ver así... Pero no, no es eso. Todo está hecho de energía, lo único que te diferencia de una patata o un gusano es la frecuencia con la que vibran tus partículas. Aunque no te des cuenta, todo se mueve continuamente vibrando a distintas frecuencias, a distintas velocidades... ¡incluso cada uno de los tres elementos de los que estás hecha: tu cuerpo, tu mente y tu espíritu, ¡solo son energía!

—Vaya, yo no noto que mi cuerpo se mueva ahora, ni tampoco mi silla, ¡ni esa mesa verde!

—Es normal que no lo notes, porque la materia vibra a una frecuencia tan baja que parece estar quieta. Por el contrario, tu mente y tu espíritu vibran a una frecuencia tan alta que también parecen inmóviles, como las ruedas de un coche cuando giran tan rápido que crees que no lo hacen. Por eso tienes la sensación de estar quieta cuando en realidad no lo estás.

—Ah, vaya, no sabía eso.

—Claro, no mucha gente lo sabe, no te preocupes. Pero ser consciente de que vibras y manejar tus vibraciones es fundamental para tu transmutación, ¡y para atraer lo que quieres! ¡Espera un momento!

Joël fue a coger uno de sus instrumentos, y empezó a tocar una melodía.

—Brianne, ¿tú no vibras con la música, o con un atardecer bonito?

—¡Claro! Cuando la música es alegre me da un subidón de energía, como si resonara dentro de mí y estuviera más contenta y feliz. Pero cuando es triste y melancólica me da bajón, como suele decirse.

—Sí, porque la frecuencia musical es diferente, las ondas de energía vibran más o menos veces por segundo y son contagiosas, como has podido comprobar. Si la música vibra alto, tú lo haces también, y al contrario. ¿No has estado alguna vez con alguien que se queja todo el rato y te quita la energía? ¿Y no has sentido que estar con alguien alegre y optimista te anima y te llena de entusiasmo?

—¡Sí! ¡Eso es verdad! Cuando me siento mal, llamo a

mi hermana; Maya tiene un carácter muy alegre, y enseguida me lo contagia y me siento mejor. En cambio, mis padres, con sus miedos, tienen el efecto de que me sienta abatida incluso cuando estoy ilusionada. Eso fue justo lo que me pasó cuando les dije que quería venir a la montaña: estaba entusiasmada, pero insistieron en que pensara en todo lo malo que podría pasarme y ya me enfrié mucho.

—Claro. Tu hermana vibra alto, ¡seguro! Y tus padres, al contrario, vibran bajo. El miedo, el enojo y la vergüenza, por ejemplo, vibran bajo porque están ligados a lo material.

En ese momento Lynne se acercó a Brianne y le puso una mano en el hombro.

—Como tú en Apathia y Desiria, ¿recuerdas? Estabas sin energía, desganada, apática e indolente. Te daba igual quedarte que irte. Te quejabas de tu cansancio físico, del calor, de que no tenías dinero... ¡Por eso ibas lenta y no avanzabas! Pero continúa, Joël, perdona por la interrupción.

—No pasa nada, Lynne, se trata de que Brianne lo entienda. Como bien has dicho, cuando la vibración es débil no avanzas, tus movimientos son pausados porque la energía apenas se mueve, está prácticamente estancada. Pero en el extremo vibracional contrario tenemos aquello más cercano al espíritu, cuyas frecuencias son tan altas que te hacen sentir viva y llena de energía, con ganas de hacer cosas, de mejorar, ¡de ir a por más! ¿Cuáles dirías que son esas cosas, Brianne? ¿Cuándo te has notado con tanta energía que sientes plenitud, como si estuvieras llena de algo que no sabes qué es?

Brianne se puso a pensar. Había muchas cosas que la

hacían sentir bien, pero en especial recordaba cuando se sentía enamorada, ¡aunque hacía tanto tiempo de eso! Y pensaba que no podía ser más feliz al ver crecer a sus hijos sanos y fuertes, o cuando aprendía algo que le hacía entender muchas cosas, o cuando veía algún cuadro que la conmovía... El deporte también la hacía sentir bien, ¿por qué lo tenía tan abandonado? Recordó que, cuando era joven, al terminar los entrenamientos se sentía agotada y al mismo tiempo llena de vitalidad.

—Debe de ser el amor, la alegría, la gratitud, la paz... Esas cosas, ¿no?

—Eso es, ¡bingo!

—Ya lo entiendo, y eso ¿para qué me sirve? ¿Qué tiene que ver con el superpoder?

—Todo. Las vibraciones semejantes se atraen como un imán, ¡se pegan como un chicle! Si eres una persona triste tenderás a rodearte de gente triste porque son afines a ti, y si eres una persona miedosa atraerás esos miedos como si fueras un campo gravitatorio porque vibran en la misma frecuencia que tú.

—Vale, ¿entonces?

—¿Entonces? ¡Está claro!

»Solo tienes que vibrar en la misma frecuencia que aquello que quieres atraer. No atraes lo que quieres, ¡sino lo que eres!

—No lo entiendo del todo, Joël.

26

El poder

—Mira, Brianne —intervino Nicola en ese momento—, llevamos años investigando y hemos descubierto cosas sorprendentes. ¿Sabías que las células enfermas vibran muy muy bajo? ¿O que al utilizar ciertos sonidos las células sanas se fortalecen, cambiando incluso de forma y de color de acuerdo con el tono y el timbre de cada nota musical? ¿O que al hacer vibrar un diapasón, si hay otro al lado, por afinidad, se pone automáticamente en marcha él solo vibrando en la misma frecuencia, es decir, haciendo sonar la misma nota musical?

—¿De verdad? ¡Eso es sorprendente!

—Lo es, igual que la transmutación de los metales. Hemos usado distintas frecuencias vibratorias para separar sus elementos, atrayéndolos con frecuencias similares. De hecho, el sonido es lo primero que surgió en el universo, ¿lo sabías?

—¡Claro que no! ¡No tenía ni idea!

—Pues tú, Brianne, tienes un potencial vibratorio infinito, una especie de sabiduría universal que puede atraer todo lo que quieras.

Estaba estupefacta, era la primera vez que escuchaba algo semejante, pero no sabía cómo gestionar sus propias vibraciones para alinearlas con aquello que quería atraer. ¿Cómo podía utilizar, en la práctica, su superpoder?

—A ver, si dos frecuencias iguales se atraen y yo quiero atraer algo que vibre alto, ¿cómo elevo mi frecuencia interna para atraerlo?

—Pues muy sencillo, ¡con tus pensamientos! Solo tienes que elegir los adecuados y ligarlos a tus emociones. El pensamiento es una de las formas más altas de vibración y, al vibrar, emite una señal que atrae del exterior otra de regreso que encaja a la perfección con la primera. Funciona como las ondas de radio, solo escuchas una emisora si sintonizas con la frecuencia en la que emite, igual que dos walkie talkies pueden comunicarse solo si emiten en la misma frecuencia.

—Ya entiendo, ¡solo tengo que sintonizar!

—Eso es. Escoge aquellos pensamientos que te hagan sentir bien, feliz y entusiasmada, incluso ante una situación que te parezca negativa. Recuerda que eres libre para elegir los pensamientos que quieras e interpretar la realidad a tu manera, ¡puedes verla como tú quieras! No hay una única verdad sino múltiples interpretaciones, así que, ¿por qué no elegir la más elevada?

¡Claro! Ya había aprendido que ella podía ver las cosas según el filtro que utilizara. ¿Por qué no elegir siempre el más bonito, el que la hiciera sentir mejor? No sería engañarse, sino ver la realidad a su manera, del modo que a ella le conviniera en cada momento para sentirse bien. Tardó mucho en ver las infidelidades de Óscar como una oportunidad para empezar una nueva vida mucho mejor, y hasta que llegó a la montaña tampoco había visto el dolor como una alerta para indicarle dónde estaban sus heridas. Recordó cuando se caía una y otra vez en Apathia y Lynne no la ayudaba a levantarse para que ella aprendiera a hacerlo sola. ¿No habían sido todas esas cosas fantásticas?

A partir de ahora, cada vez que le ocurriera algo «malo» le daría la vuelta para verlo como algo «bueno», agradecería el dolor, los reveses de la vida y las malas noticias porque le servirían para algo, ¡haría algo magnífico de todo aquello!

—Además, Brianne, si elevas tu frecuencia, también elevarás la de los que están a tu alrededor haciéndoles sentir mejor y al revés, igual que te pasa con la música alegre o triste. Por eso te sientes mejor al lado de unas personas y no de otras.

—Entonces ¿una persona con pensamientos negativos puede hacer que los míos también lo sean?

—Si eres débil de espíritu sí, Brianne, igual que te pasó con tus padres antes de entrar en la montaña. Pero si te mantienes firme y consciente de tu energía positiva, ¡nadie podrá quitártela!

—Ya veo. Pero mostrarse siempre positiva vibrando alto es complicado. Yo no sé si seré capaz de mantenerlo mucho tiempo.

—No te preocupes por eso. Nuestro rango de frecuencias varía según el momento que estés viviendo, se trata de ser consciente de ello y elevarlas en la medida de lo posible con pensamientos y emociones positivas, transmutar las energías de un polo al contrario. Un truco es hacer cosas que te gustan o relacionarte con gente alegre que elige, como tú, ver la vida de la manera más sabia posible.

Brianne lo había entendido, pero solo de un modo general. ¿Cómo hacía entonces para atraer cosas concretas, como el dinero, por ejemplo? Porque, para ser sincera, a ella no le vendría mal un poco más. Si Óscar no le diera su parte para mantener a los niños, ella sola no podría hacerlo con su trabajo a media jornada. Iba bastante justa y no le sobraba para grandes caprichos y, si bien era verdad que tenía lo que ganó con la venta del Ferrari, no tardaría en agotarse. Atraer más dinero a su vida sería estupendo.

—¿Y si quisiera atraer algo concreto, como el dinero? ¿Qué tengo que hacer?

—Como ya te hemos dicho, no atraes lo que quieres sino lo que eres, así que tendrías que vibrar en la frecuencia de la abundancia, en ese caso.

—Y eso ¿cómo lo consigo?

—¡Pues siendo abundante y generosa! ¡Menuda pregunta!

—¿Dando dinero? Pero si quiero dinero es porque no lo tengo, ¿cómo lo voy a dar? ¡No tiene sentido!

—Siempre puedes dar algo de lo poco que tienes, aunque sea ofrecer tu tiempo a alguien. Pero no solo eso. A ver, ¿a ti te gusta recibir cosas?

—¡Claro! Siempre y cuando pueda pagar por ellas u ofrecer algo a cambio. No me gusta lo gratis, ¿sabes? Me hace sentir incómoda, igual que cuando recibo regalos, de alguna manera me siento en deuda y tengo que compensarlo.

Recordó lo rara que se sintió al no pagar el billete del autobús, la hospitalidad en Desiria, la comida en Cuoria... Pensó que la incomodaba deber aún la entrada a Piotr y que la tranquilizó muchísimo haber podido saldar la deuda en Potestia con sus pendientes de oro. Parecía que no se sentía bien recibiendo sin más, igual que cuando algún invitado iba a su casa con un regalo y ella decía que no hacía falta, como si ella o su hospitalidad no lo merecieran.

—Pues eso es un problema para atraer dinero, Brianne. Si no abres tu canal de receptividad, no recibirás nada, no solo dinero, sino todo lo demás: salud, amor, un trabajo mejor... Debes aprender a recibir, a vibrar con la energía del dar y del recibir, a desarrollar esa polaridad y agradecer sin más.

Brianne se sintió algo avergonzada. A ella le encantaba hacer regalos, ¡incluso le compró un Ferrari a Óscar! Era generosa y compartía lo que tenía, invitaba a la gente siempre que podía y, sin embargo, no aceptaba que lo hicieran con ella. Estaba descompensada, no estaba aplicando la ley de la polaridad que había aprendido en Verbia.

—Si te gusta dar y te sientes bien, intenta también sentirte así al recibir. Solo entonces habrá un equilibrio en tu abundancia y podrás recibir más dinero. Sé generosa, no seas tacaña ni andes todo el día contando el dinero, ¡eso te hará vibrar bajo!

—Así es, Brianne, ten en cuenta que no atraes lo que necesitas, sino lo que crees, y si no crees merecer regalos o dinero sin más, ¡no lo recibirás! Por eso es tan importante ligar la emoción a los pensamientos. No solo debes decirte que mereces abundancia, debes sentirlo y creerlo en lo más profundo de tu ser. Solo así se manifestará en tu vida, ¡teniendo la certeza de que ocurrirá!

Brianne asintió. ¿Pasaría lo mismo con el amor? Porque algo de eso también le vendría bien. No descartaba encontrar a alguien, pero era tan complicado... Tenía una amiga en Originia que era una excelente persona, bondadosa, generosa, creativa, inteligente, amable, ¡incluso guapa! Y, sin embargo, llevaba años sin encontrar pareja.

—Una duda más. ¿Cómo se atrae el amor? Una amiga mía es prácticamente perfecta y, aun así, no encuentra pareja. ¿Cómo podría atraerla a su vida?

En esta ocasión, fue Lynne la que quiso contestarle.

—¿Recuerdas la ley de la polaridad? No olvides que todas las leyes están unidas y se relacionan entre ellas, ¡debes tenerlas siempre todas presentes! Esa ley dice que las cosas se resuelven dentro de la misma polaridad y no en otra. Siendo buena no atraes amor, sino bondad, y siendo bella atraes belleza. Si tu amiga quiere atraer amor, debe canalizar su energía para vibrar en esa frecuencia y no en otra.

—No lo entiendo bien.

—Tu amiga siente falta de amor, ¿verdad?

—Sí, supongo, por eso quiere una pareja.

—¿Y no crees que la falta de amor se compensa dando amor? ¡Así de fácil! Tu amiga debe quererse, darse a ella misma todo ese amor que necesita y solo entonces estará preparada para atraer a alguien en esa misma vibración. Si no lo hace, solo atraerá gente como ella, solitaria y sin capacidad de amar. El mayor amor es el propio.

—¡Ya lo entiendo! Tenéis razón.

**—Para convertirte en un imán solo tienes
que «ser» lo que quieres atraer: abundante
si quieres abundancia, amorosa si quieres
amor, saludable si quieres salud.
¡Vibrar en la misma frecuencia
de lo que quieres atraer!**

»Ese es el superpoder. No hay más secreto, ¡lo puedes tener todo!

Brianne se quedó de piedra. Con ese poder, ¡podría cambiar incluso su cuerpo y perder los kilos que le sobraban y sentirse más ágil, más enérgica y más fuerte! ¡Solo tenía que sintonizar con esa energía cambiando sus pensamientos!

—¡La próxima vez que me veáis voy a tener un cuerpo estupendo!

—No lo dudamos, el poder del pensamiento es tal que sus vibraciones pueden incluso alterar tu plano físico. Recuerda que todo está unido, cada elemento influye en el resto. Eleva la vibración de uno y los demás, igual que el diapasón, acompañarán el movimiento.

—Sí, Brianne, un pensamiento de miedo, de rencor o de duda puede llegar a enfermarnos, no hay que tomárselo a broma. Hay millones de células trabajando en nuestro cuerpo, reparándolo, y si les bajamos la frecuencia quejándonos, criticándolo todo o angustiándonos por cualquier cosa haremos que se paralicen y, por tanto, enfermen, como ya te dijimos antes. ¡Creer que estamos enfermos nos hará enfermar de verdad!

Brianne, impaciente como siempre, se preguntaba si

habría algo que pudiera acelerar aún más el proceso. Perder peso no iba a ser tan rápido como le gustaría, ni tampoco ganar más dinero o conseguir una pareja. ¡Seguro que sabían algún truco!

—¿Y si quisiera conseguir lo que deseo más rápido? ¿Hay algo que pueda hacer?

—En realidad sí, y no es complicado. La manera más sencilla de hacer que se armonicen tus frecuencias vibratorias con las de tus deseos, es imaginar que ya se han cumplido.

—¿Imaginarme rica, con un cuerpo esbelto y sano y con la pareja de mis sueños? ¡Eso es fácil!

—Sí, pero debes unir la emoción al pensamiento, ¡eso es fundamental! Cuando lo imagines, debes sentir la satisfacción de haberlo conseguido, representarte en tu mente disfrutando ya de tu pareja, tu cuerpo y tu dinero.

—O sea, que debo anticipar cómo voy a ser y cómo me voy a sentir con todo eso: me podré poner la ropa que quiera, viajar donde quiera, reír con mi pareja, gozar de la vida...

—Eso es, de esa manera, estarás enviando señales de alta vibración a tu cerebro, que no distingue si es verdad o no porque solo capta las frecuencias y entonces emitirá pensamientos de alta frecuencia ¡y entonces ya sabes lo que pasará! Atraerá más de lo mismo de fuera, pero esta vez será real. Lo semejante se atrae y lo imaginado atraerá lo que es igual.

Brianne sacó corriendo su pasaporte para apuntar la sexta ley, la más emocionante hasta ese momento. Sonrió a Lynne, cogió su bastón y entregó el pasaporte a Miriam, que ya había sacado el sello del bolsillo de su bata y, bajo la atenta mirada de Hermés, lo selló.

SEXTA LEY:

Todo vibra y está en continuo movimiento.
Las vibraciones semejantes se atraen; por tanto,
para atraer algo debo vibrar en su misma
frecuencia. No atraigo lo que quiero,
atraigo lo que soy.

DESTINIA

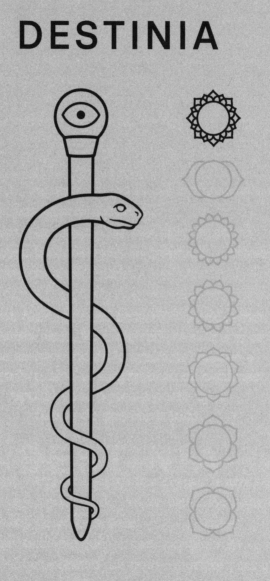

La vida

Brianne agradeció a todos sus explicaciones y se despidió. Estaba pletórica, entusiasmada, ¡feliz! Le quedaba muy poco para llegar a la cima y tenía tiempo de sobra, exactamente... ¿Cuánto tiempo había transcurrido? No era consciente de los días que había pasado en Apathia, y si bien en Desiria estuvo siete días, después ya perdió la noción del tiempo a medida que ascendía. Al final estaba resultando verdad lo que le dijo Piotr de que en la montaña no solo las distancias eran relativas, sino también el tiempo.

—Lynne, ¿cuánto tiempo ha pasado desde que entré?

—¿Qué más da? Lo importante es que ya estás muy cerca de alcanzar lo que querías, ¿no?

—Sí, ¡el oráculo!

—Me refería a la cima. ¡Mira qué poco queda!

Lynne señalaba un cartel con un número que a Brianne le parecía precioso.

Sin duda, aquella cuesta estaba resultando la más complicada de todas y, aunque el sudor le caía a gotas por la frente, Brianne no se sentía cansada. Kundha le estaba siendo de gran ayuda, era su apoyo a cada paso que daba, pero la ilusión por llegar a la cima y ver al oráculo era lo que más energía le daba. Se sintió vibrando a una frecuencia elevada que le permitía sacar fuerzas de donde no las tenía.

Nunca se había detenido a pensar en cómo estaba, cómo se sentía, si vibraba alto o vibraba bajo. Pero ahora era muy consciente, y eso le hacía sentirse en paz.

Y lo mejor era que Lynne seguía a su lado. Había sido su compañera de viaje, su copiloto, y de alguna manera le recordaba a su hermana Maya. Era curioso, su túnica se tornaba cada vez más violeta a medida que avanzaban. ¡Qué extraño! Sería una de esas capas que cambia de color según la intensidad de la luz que, ciertamente, cada vez era más fuerte, tanto que cuando miraba a lo lejos, cosa que no paraba de hacer esperando vislumbrar el final del camino, la cegaba.

El paisaje era precioso, lleno de árboles, flores e insectos de vivos colores que brillaban bañados por el sol. Una leve brisa mecía la hierba de los prados y los frutales estaban repletos de frutos apetecibles. Brianne recordó que aún no habían comido nada, y preguntó a Lynne si podían comer alguna de aquellas frutas.

—Claro que sí, Brianne, ¡para eso están!

—No esperaba encontrar alimentos por aquí, pero la verdad es que ni recordaba que tenía que comer. Es extraño, pero no siento hambre.

—¿Será porque has conseguido desapegarte de esa necesidad de comer a ciertas horas? Además, no pasa nada por no comer durante unos días; de hecho, el ayuno es muy beneficioso, ¿lo sabías? Toda la energía que normalmente empleas para hacer la digestión la puedes dedicar a otra cosa, y tu cuerpo y sobre todo tus intestinos también descansan. ¡Es como darles unas vacaciones!

Brianne cayó en la cuenta en ese momento de que no había visto comer a Lynne desde que se conocieron en Apathia. ¿Habría comido a escondidas o no había probado bocado? Kundha tampoco, y ahí estaba vivita y coleando, metafóricamente, claro, porque no se había movido ni un ápice del bastón desde que se encaramó a él.

Brianne sonrió. Era cierto que se había olvidado de sus rutinas, en Originia comía cuando era la hora de comer, no cuando tenía hambre. Estaba pendiente de hacer la compra, de cocinar a tiempo, de acostarse por la noche... El ritmo de su existencia lo marcaban las agujas del reloj y no ella. Sin embargo, en la montaña, su vida transcurría más tranquila y sin preocupaciones, sobre todo ahora que sabía que tendría todo lo que necesitara cuando lo necesitara solo con vibrar alto. Había dejado que cada cosa tuviera su propio ritmo sin forzarlo, y se sentía mucho más relajada y plena.

Le dio un buen mordisco a una de las lustrosas manzanas que pendían delante de ella. Era extraño. Era tan sabrosa y tan jugosa que no parecía una manzana como las de Originia, sino lo más exquisito que había probado nunca.

—Lynne, ¡está riquísima! ¡Nunca había probado una manzana igual!

—¿Será porque te la estás comiendo de manera consciente y sin necesidad? Cuando te libras de los apegos, disfrutas mucho más de las cosas. Si comes sin pensar, por rutina o haciendo a la vez cualquier otra cosa, no estás presente deleitándote con tu comida. Y si comes con hambre, será tanta la necesidad de comer que lo único que buscarás será la satisfacción de un estómago lleno, sin ni siquiera fijarte en si sabe bien o no, ¡te comerías cualquier cosa!

Eso era cierto. Ahora Brianne estaba simplemente comiendo su manzana y no haciendo otra cosa, ni siquiera caminar, porque se había sentado bajo el árbol para disfrutarla. No había prisa, y aquel momento era solo para recrearse con aquel sabor maravilloso que agradecía profundamente.

—Deberíamos escuchar más a nuestro cuerpo, ¿verdad, Lynne? Y no hacer las cosas por inercia. Yo creo que he estado comiendo de más, pensando de más y haciendo de más. Siempre ha sido así, no me he parado ni un momento a disfrutar de las cosas y quizá eso ha sido el origen de muchos de mis problemas.

—Pues sí. Como acabas de aprender en Intellighia,

depurar mente, cuerpo y espíritu hasta no necesitar nada en cada uno de esos planos, te da una satisfacción enorme. No tener la necesidad de hacer algo, de decir algo, de pensar algo. Todo es más sencillo que eso. Conquistar la paz en los tres planos es conquistarla enteramente.

Brianne suspiró. El aire entró de lleno en sus pulmones y en su abdomen e inundó todo su ser por dentro. Notó cómo el oxígeno revitalizaba su mente, su cuerpo ¡e incluso su espíritu! No recordaba haberse sentido tan bien jamás, tanto que se quedó dormida. En sus sueños volvía a casa con todas las respuestas que necesitaba, feliz, llena de paz, serenidad, alegría y ganas de empezar a trabajar en su propósito de vida, ese que le había dicho el oráculo. Pero no conseguía recordarlo. Por más que se esforzara, había olvidado sus palabras y de repente se sintió inquieta, nerviosa y algo enfadada. ¿Había recorrido setecientos kilómetros para nada? Su sueño se convirtió en pesadilla y entonces despertó.

Lynne ya no estaba a su lado y ella seguía sentada bajo el manzano, sola, con su mochila y su bastón. Se levantó y, sacudiéndose la hierba de los pantalones continuó su camino. Si Lynne ya no estaba, era porque casi había llegado. Continuó andando y, sin embargo, no llegaba a ningún lado. ¿Por qué? Los insectos habían dado paso a pequeños roedores y, después, a mamíferos más grandes: conejos, liebres, topos, ardillas, comadrejas e incluso algún zorro. Todos campaban libremente en lo que parecía un paraíso terrenal, en el que ahora Brianne veía también riachuelos, pantanos y algún que otro lago donde familias de patos nadaban felices. ¡Eran tan bonitos!

Se sentó a descansar y enseguida algunas ardillas fueron a saludarla. Estaba papá ardilla y mamá ardilla con sus retoños. ¡Aquello le encantaría a Maimie, su hija pequeña! La maternidad era algo tan bonito que Brianne no sintió más que ternura y regocijo. Adoraba a sus hijos, su amor por ellos no se podía comparar a otra cosa y, desde luego, compensaba cualquier penuria que hubiera pasado para tenerlos, como su relación con Óscar, la pérdida de dinero y de su autoestima. Las relaciones eran complicadas, y ahora tenía que compartir el tiempo de sus hijos con él. ¡Si los hubiera tenido ella sola...!

Pero eso era imposible. Para engendrar hacían falta dos, hombre y mujer, la semilla y la tierra fértil, ¡eso no podía cambiarlo! Incluso aquellas ardillas lo sabían, y también los pájaros que cortejaban a una hembra, pavoneándose delante de ella y haciendo gala de su llamativo plumaje. Y los patos, los conejos, ¡e incluso los insectos y los vegetales! ¿Por qué la naturaleza era así? ¿Por qué lo masculino y lo femenino parecían estar destinados a estar siempre unidos, por muy diferentes que fueran? Ciertamente se atraían, eso era innegable, igual que los electrones se sentían atraídos por los protones y viceversa. Brianne se rio por la comparación tan absurda que se le acababa de ocurrir. ¿Por qué pensaba esas cosas tan raras?

—¿No cree que la naturaleza es extraordinariamente sabia? Mire a esos machos intentando llamar la atención de la hembra.

Del susto, Brianne dio un brinco. De repente había aparecido a su lado un hombre mayor muy bien afeitado, con un sombrero verde de camuflaje y una cámara colgando del cuello. Seguramente estaba allí estudiando la fauna y la flora de aquel paraíso terrenal.

—Bueno, ¿qué necesidad hay de complicarlo todo? Luego surgen los problemas que surgen... ¡Hombres y mujeres somos muy diferentes!

—Si no fuera por esa atracción de opuestos, no existiría nada. Y no me refiero solo a la vida que surge fruto de la unión del macho y la hembra, sino al surgimiento de cualquier tipo de cosa o idea a partir de la fusión de dos contrarios.

—¿Qué quiere decir? ¿De qué tipo de atracción habla?

—¿Acaso usted no se ha fijado en lo que ocurre si aproxima los polos opuestos de dos imanes? ¡Se atraen con fuerza y no hay quien los separe!

—¿Y qué tiene eso que ver con la creación?

—¡Todo! Se necesitan dos polos opuestos para que se genere algo, como el magnetismo en la Tierra, por ejemplo. Sin la atracción entre el polo norte y el sur no existiría ¡y moriríamos todos achicharrados por la radiación del sol! Unas baterías tampoco funcionan si no unimos un polo positivo con otro negativo, ni tendríamos electricidad para ver la televisión sin meter el enchufe macho en la toma de corriente hembra. ¿A usted no le atraen los opuestos?

Pues no. A Brianne le ocurría justo lo contrario. Le atraían personas similares a ella, con las que compartía gustos, aficiones, o las mismas ideas políticas y religiosas. Le gustaba más la gente de su entorno, como su familia,

DESTINIA

compañeros de universidad, otros padres y madres del colegio de sus hijos... Podían tener algunas discrepancias, por supuesto, pero en general entendían la vida de un modo parecido. ¿Cómo le iba a gustar alguien radicalmente diferente con quien no pudiera ponerse de acuerdo ni para elegir la película en el cine? De hecho, pensó que se enamoraría de sí misma si se encontrara por la calle. ¡Estaría siempre de acuerdo en todo con ella!

Se rio de nuevo de sus ocurrencias.

28

El género

—¿De qué se ríe?

—Perdone, es que estaba pensando que yo prefiero gente similar a mí, ¡cuanto más parecida mejor! Me encuentro más a gusto.

—Sí, claro.

»Tendemos a rodearnos de quienes son parecidos a nosotros porque eso es lo más cómodo. Ratifican quienes somos y no nos obligan a cambiar nada y, además, ¡no hay discusiones!, ¿verdad? Pero de ahí no surge nada nuevo.

»No se genera nada que no generaría usted por sí misma. ¿De dónde sacaría inspiración o cómo aprendería nuevas maneras de hacer las cosas? ¡Sería más de lo mismo! Los opuestos se atraen para unirse, y solo de esa unión surgen cosas, ¡incluso así surgió usted!

—Pues mis padres se parecen bastante, la verdad, ¡no los veo tan opuestos! Es cierto que son hombre y mujer, cosa necesaria para la reproducción, pero por lo demás...

—Seguramente sus padres no se parecen tanto como usted cree y se complementan a la perfección.

—Podría ser, no sé...

—Todos los seres humanos tenemos integrados en nosotros lo masculino y lo femenino en mayor o menor proporción. Usted podría ser más masculina que femenina y atraer a un hombre que sea todo lo contrario.

—Le aseguro que soy muy femenina, aunque ahora me vea con estas pintas. ¡Y los hombres afeminados no me atraen!

Brianne se levantó para mirar su reflejo en el lago. Cualquier cosa era posible en la montaña, así que no le habría extrañado nada volver a casa siendo un señor con bigote como su padre. Pero no, ahí seguía ella con su camiseta, su mochila y su moño mal hecho. ¡Y se alegró!

—¿Más tranquila? Tampoco le ha cambiado la voz, ¡créame! Tiene una voz muy femenina y bonita. Pero vayamos a mi cabaña y terminaré de explicarle este tema de los opuestos. La invito a tomar algo si quiere, está aquí al lado. Por cierto, me llamo Charles, pero puede llamarme Charlie. ¿Y usted?

—Yo soy Brianne. ¿Y cómo sabe tantas cosas sobre la creación de la vida?

—Pues soy biólogo, entre otras cosas. Investigo los organismos vivos a nivel genético y celular, molecular, fisiológico, ecológico... Ya sabe, me gusta indagar sobre el origen de la vida, su génesis, su gestación, ¡es apasionante!

—Ciertamente lo es. ¿Y vive aquí, en esta cabaña tan pequeña?

—Vivo solo, así que es más que suficiente.

—Bueno, ¡solo no!, ¡hay un montón de animales disecados que seguro que le hacen buena compañía!

—¡Ja, ja, ja! Al menos, no hacen tantas preguntas.

Charlie le hizo un guiño a Brianne y abrió uno de los armarios de la cocina. ¡Tenía cerebros humanos en tarros de cristal!

—Pero ¿usted de qué se alimenta? ¡No me diga que se come eso para desayunar! Puedo entender que tengan un montón de proteínas, pero se me ocurren muchas otras alternativas menos... ¡asquerosas!

—¿Cómo me los voy a comer? ¿De qué lugar abominable viene usted para pensar eso? Además de ser biólogo tengo mucho interés por la neurología, ya sabe, el estudio del sistema nervioso. ¿Sabía que es el encargado de producir los pensamientos, emociones y conductas que tenemos? ¡Y adivine qué! Está formado por neuronas, que no son más que células que conducen señales eléctricas de un lado a otro, impulsadas por cargas negativas y positivas. Se encarga de controlar funciones corporales tan importantes como respirar o producir el bombeo del corazón. Sístole, diástole, inspirar, espirar... ¡Otra vez la polaridad!

—Vaya, qué interesante y qué dos ramas tan diferentes, ¿no? A mí me gustan las finanzas y el arte, ya ve, ¡cosas totalmente contrapuestas!

—Quizá necesite de ambos extremos para lograr el equilibrio. Eso es por la configuración de su cerebro, ¡mire!

Charlie sacó uno de los cerebros gelatinosos de su tarro de cristal y lo colocó como si nada sobre la mesa donde había preparado un poco de queso para Brianne.

—Tenemos dos hemisferios.

—Bueno, eso ya lo sé, no me hace falta ver un cerebro de verdad para comprobarlo.

—Ya lo supongo, pero quiero resaltar la importancia de que, de nuevo, necesitamos dos, ¡y además completamente opuestos! Verá, el hemisferio izquierdo se encarga de la lógica y la deducción. Es el que nos permite ser racionales y metódicos, tener capacidad de análisis y facilidad para las matemáticas, las deducciones, la lectura o la escritura.

—¿Y el derecho?

—Ese es el lado creativo que se mueve en el campo de la imaginación. Se encarga de generar nuevos pensamientos, conceptos, ideas y sentimientos y nos posibilita la visualización, la percepción, la síntesis y la orientación espacial.

—¡Puf! Pues yo lo de la orientación espacial lo tengo atrofiado. Es verdad que me gustan el arte y la creatividad, pero creo que tengo más desarrollado el lado izquierdo. Me encantan los números y también leer y escribir, pasar a la acción, explorar...

—Pues seguramente se sienta atraída por personas o parejas que priorizan su hemisferio derecho y son protectoras, bohemias, creativas, a las que les gustan la tranquilidad y las tradiciones.

¡Así era Óscar! No podía creérselo. Se temía, entonces, que su siguiente pareja sería muy parecida en ese aspecto. Era previsible que se enamorara de un hombre que compensara esa polaridad cerebral que ella tenía, como casi todo el mundo, desequilibrada. ¡Era la ley que había aprendido en Verbia! Además, lo más probable era que esa persona vibrara en la misma frecuencia que Brianne, ¡la del amor!

—Como le decía, un hemisferio sin el otro no serviría

para nada, ¡nuestro cerebro apenas produciría! ¿De qué vale tener ideas estupendas si no se llevan a la práctica? ¿Y de qué vale ser un buen ejecutor si no tienes ningún proyecto que ejecutar? La mente subjetiva, subconsciente, involuntaria y pasiva necesita de su contrario, la mente objetiva, consciente, voluntaria o activa para hacer algo realidad, ¡y viceversa! Se necesita tanto una mente que imagine cosas como una mente que las lleve a la práctica.

—O sea, que lo masculino y lo femenino, lo positivo y lo negativo, lo activo y lo pasivo, etcétera, están inevitablemente condenados a coexistir.

—Los polos opuestos se buscan para continuar existiendo, para generar y regenerar, para concebir, procesar, producir o crear, ya sean bebés, patitos, ideas ¡o realidades!

Brianne suspiró y Charlie la invitó a comer el queso que sudaba al lado del cerebro, ¡igual que ella!

Pero ella lo rechazó con amabilidad. Estaba muy agradecida a Charlie por todo lo aprendido, pero debía continuar su camino a la cima. ¡Estaba entusiasmada! Salió de la cabaña y no le sorprendió ver a Lynne esperándola, justo al lado del cartel que tanto había anhelado durante todo el viaje:

—¡Lynne, he llegado arriba! ¡Lo he conseguido! Si te soy sincera, ha habido momentos en los que dudé de si llegaría, pero ¡lo he hecho! Creo que tenía tantas ganas de ver al oráculo que... ¡Espera! ¿¿¿Y el oráculo???

Brianne miró a un lado y a otro contemplando la inmensidad de la llanura en la que se encontraba y desde la cual podía divisar todo el camino recorrido. ¡Impresionante! Pero no había nada ni nadie, ¡estaban solas!

—¿He subido hasta aquí para nada? Entonces ¿el oráculo no existe?

—Esta llanura es muy extensa y como verás, tu camino aún discurre por ella. Y, por cierto, te recuerdo que todavía no has escrito la séptima ley en tu pasaporte.

¡Es verdad! Aún no tenía los siete sellos, requisito imprescindible para «tocar la cima». Y con las prisas provocadas por el entusiasmo, se había dejado la mochila en la cabaña de Charlie, ¡y el bastón también! Debía entregarlo a alguien al llegar arriba. ¿Sería al oráculo?

—Lynne, ahora vuelvo, ¡no te vayas! Querría llegar contigo al final de mi camino, eres la mejor guía que he tenido nunca, ¿sabes?

—Gracias, tú también has sido una alumna estupenda, no todos llegan hasta aquí, pero... ¿Has conseguido lo que querías? ¿Ya sabes quién eres?

—Claro, lo sé perfectamente, ¡soy Brianne!

—¿Y quién es Brianne?

29

La identidad

Brianne no daba crédito a la pregunta. ¿A estas alturas, nunca mejor dicho, le preguntaba quién era? ¿Eso no se pregunta a alguien cuando acabas de conocerla y no al final cuando estás a punto de despedirte de ella? ¿O sería que, debido a su edad, Lynne acababa de tener un lapsus de memoria y no se acordaba de ella?

—Me resulta muy extraño que me preguntes eso ahora, como si nos estuviéramos presentando. ¿Estás bien?

—Mejor que nunca. Pero contéstame, por favor, ¿quién eres?

—Pues a ver, soy una mujer de cuarenta y un años, sana, feliz, con toda la vida por delante ¡y muchas cosas por hacer por mí y por los demás! Me gustan las magdalenas, pero procuro evitarlas, adoro a mis hijos, soy inteligente, guapa a pesar de mis kilos de más, me gusta el arte, viajar, las matemáticas, el emprendimiento, no me gustan las mentiras... En fin, ¡yo soy yo!

—Lamento decirte, querida Brianne, que estás confundida.

—¿Perdona? No lo entiendo. ¿Soy otra persona?

¡Hace un momento vi mi reflejo en el lago y era yo! Sabía
que llegar a la cima transforma a muchas personas, pero
¡no pensé que sería mi caso!

—Pues yo espero que sí lo sea. ¿Acaso no venías a reprogramarte y a buscar tu mejor versión? Pero no me refería a eso...

Lynne invitó a Brianne a sentarse en el césped de la
llanura, llena de frondosos árboles que se mecían al viento
y que, extrañamente, tenían un ligero color violeta, igual
que las flores que adornaban la explanada.

—Verás, esto que estoy a punto de contarte no es fácil
de comprender, pero estoy segura de que, si has llegado
hasta aquí, es por algo y lo entenderás.

—¡Claro! Es como llegar al último curso de la escuela,
¡las materias son cada vez más difíciles!

—Exacto, y tú estás a punto de graduarte con honores.

Las dos rieron, pero Brianne estaba impaciente por escuchar eso tan importante que Lynne tenía que contarle.

—Verás. Muy a menudo, por no decir casi siempre,
confundimos el «yo» con el «ego».

**»El "ego" o el "mí" es la propia consciencia
que tenemos de nosotros mismos: mis gustos,
mis aficiones y repulsiones, mi aspecto
físico, mis sentimientos, mis hábitos,
mis conocimientos...**

»Es como nos percibimos a nosotros mismos. Pero,
para que podamos hacerlo, debe haber alguien fuera de
nosotros que nos perciba, ¿no crees? ¡Ese es el "yo"!

—A ver, a ver... ¿Quieres decir que «yo» soy quien me ve a «mí»?

—Exacto, no podrías haberlo resumido mejor.

—Todas esas cosas que forman parte de tu personalidad no eres tú, es tu «ego», tu «yo imaginario», no el real.

»Tú eres quien te contemplas a ti misma y a los demás como individuos. Digamos que tu "yo" es el espectador de tu "ego", que no es otra cosa que tu propia creación mental, pero sin la cual no tendrías sentido en ti misma.

—O sea, que no soy ni mi mente, ni mi cuerpo ni mi alma.

—Tú eres la creadora de esas cosas y a la vez tu propia creación. Eres al mismo tiempo la observadora y lo observado.

Aquello dejó en shock a Brianne. No sabía ni qué responder. Su cerebro, si realmente era suyo, iba a mil por hora tratando de entender e integrar todo aquello, que confirmaba lo que le dijeron en Verbia. Ella era la guionista y actriz principal de su propia obra y a la vez la espectadora, ¡creadora y creación a la vez! Y también comprendió, por fin, lo que le habían advertido en Intellighia de que el mero acto de observar influía en lo observado, ¡porque era la misma cosa! Lo observado era ella misma y al mirarse, se transformaba porque se seguía creando. ¡Brianne había creado a Brianne!

—Lynne, creo que me estoy mareando. Esto es totalmente nuevo para mí.

—Túmbate, y cierra los ojos.

Brianne se tumbó. Pero al cerrar los ojos no dejó de ver cosas, veía incluso más que con los ojos abiertos, ¿qué locura era aquella? Comenzó a verse a sí misma como si «Brianne» fuera otra persona, como si se hubiera salido de su cuerpo y observara a alguien que no era realmente ella. Se vio paseando, cocinando, cuidando de sus hijos… Se vio incluso llorando al enterarse de las infidelidades de Óscar o riendo al volverse a encontrar con su familia y amigos. Se vio hablando con Piotr llena de miedos e incertidumbres sobre lo que significaría para ella entrar en la montaña, y sonrió al ver sus ganas de alcanzar la cima y sus esfuerzos por llegar. Pudo ver, incluso, cómo pensaba sus pensamientos, ¡era testigo de sus operaciones y creaciones mentales!

Y entonces, sintió algo extraño: empezó a quererse como nunca antes. Sentía ternura, compasión, simpatía, cariño, amabilidad, empatía, comprensión, gratitud, admiración y orgullo, no solo por ella sino por todas las demás personas que existían en la tierra. Era una sensación de plenitud tal, que se echó a llorar.

—¿Estás bien?

—Sí, Lynne, no sé qué me pasa. Es como si de repente hubiera comprendido muchas cosas de golpe o como si, más bien, hubiera desaprendido todo lo que creía saber. Me he dado cuenta de que nada importa en realidad, que yo no soy yo y que todos somos uno, ¿sabes? Una especie de conciencia única, ¡algo muy raro!

—Será la pureza del aire de la cima que te ha afectado un poco.

—¡Ja, ja, ja! Será eso. De repente se han conectado tantas cosas.

—En realidad, solo dos, Brianne, lo masculino y lo femenino.

—¿Otra vez? ¿En mi propia identidad? ¿Cómo es eso?

—Creo que Charlie ya te ha explicado que no puede existir nada sin la unión de dos contrarios, y tu identidad no iba a ser menos. Surge, se genera y se regenera de la unión de lo masculino y lo femenino, el yin y el yang, ¡seguro que te suena!

—¡¡¡Sí!!! Es el círculo ese, mitad blanco, mitad negro, cada uno contenido en el otro, ¿verdad?

—Así es, el círculo de la vida con las dos fuerzas complementarias y esenciales para la creación y existencia de cualquier cosa en el universo. El yin representa lo femenino, la oscuridad, la pasividad y la tierra; y el yang lo masculino, la luz, la actividad y el cielo. No son nada lo uno sin lo otro, igual que no existiría el «mí» sin el «yo» ni el «yo» sin el «mí».

—Claro, no habría creación sin un creador, y un creador no sería tal sin haber creado nada.

—¡Chica lista, Brianne! Tu obra, tu personalidad, eso que crees que eres es lo femenino, el devenir, el llegar a ser... que nunca llegaría a serlo sin la voluntad del «yo», lo masculino, que proyecta su energía en el «mí» para que exista. Lo masculino quiere y permite que lo femenino sea, que comience y proceda según la ley del ritmo, yendo de una polaridad a otra continuamente.

Brianne reía.

—¡De un extremo a otro, como yo ahora mismo! Antes llorando y segundos después riendo..., ¡no hay quien me entienda! ¡A lo mejor soy bipolar!

—¡Qué elocuente! ¿Quién no lo es? Los sentimientos y emociones cambian constantemente, nacen y mueren sujetos al principio de polaridad y del ritmo, van de un lado al contrario como un péndulo, ¡igual que todo lo demás! Sin ese movimiento vibratorio, querida Brianne, no habría vida.

—Ya veo, una cosa es la causa de la otra y vuelta a empezar como en un círculo vicioso, tal y como dice la ley de la causa y efecto.

—No hay principio ni fin, nada comenzó nunca porque siempre fue y será. Igual que tú.

¡Dios mío! ¿Cómo podía haber vivido hasta ese momento sin saber estas cosas? Enseguida pensó en sus padres, en sus amigos y en su hermana. También en el resto de la gente, el resto de los seres humanos. ¿Conocerían aquello de lo que ella se acababa de enterar? ¿O sería la única que había estado dormida pensando que había despertado al dejar a Óscar después de aquel viaje en Ferrari? Esa duda la inquietaba, era como cuando todos saben algo menos tú y al final te enteras ¡y te sientes una tonta! Pero ¿y si la mayoría de la gente seguía, en realidad, dormida, como ella lo había estado? En ese caso, sería como saber algo que los demás no sabían, o que solo sabían algunos y no sabía quiénes. ¿Cómo iba a mirar a la gente a partir de ahora?

—Lynne, siento cierta perturbación, por llamarlo de alguna manera. ¿Me acabo de enterar de algo que debería haber sabido hace mucho tiempo? ¿O la verdad es que casi nadie lo sabe y yo he tenido la suerte de descubrirlo?

—Brianne, solo puedo decirte que no mucha gente visita la montaña y son muchos menos los que llegan arriba. Solo aquí se adquiere ese conocimiento y el «yo» real acepta lo que es no dejándose engañar por lo que imagina ser.

—Entonces ¿toda esa gente se está engañando a sí misma?

—¡Por supuesto! El «yo» y el «ego» se mezclan y se con-
funden, y todas las personas que no cultivan el autoconocimiento creen que son un «ego», sin saber que en realidad
son un «yo». Su mente está polarizada en su lado femenino,
el imaginario y, por desgracia, su polo masculino, donde reside su voluntad, está inactivo o inerte. ¿Y sabes qué? Que
la ilusión de individualidad del ego solo da lugar al sufrimiento y hasta que no se muevan hacia el «todo» seguirán
ahí lamentándose por todo lo que les pase.

—Vaya. ¡Pues debemos decírselo a todo el mundo! Si
no saben que son quienes realmente son nunca serán felices, serán víctimas de sus emociones, de sus pensamientos,
¡incluso de su propia realidad! Creerán que no pueden
cambiar las cosas porque no saben que las crean ellos.

—Si a ti te lo hubieran dicho antes de llegar a la cima,
¿les habrías creído?

No, ciertamente no. Recordó que había tenido ese mismo dilema no hacía mucho tiempo, cuando intentaba decirle a Valeria que podía salir de Potestia, ¡que tenía infinitas posibilidades!

—Subir la montaña es la única opción, Brianne, desde
abajo, a su propio ritmo y por su propio camino, igual que
has hecho tú.

—Claro, Lynne, entiendo.

Suspiró de nuevo. ¡Eran tantos los suspiros últimamente! Dedujo que lo único que podía hacer era hablar a la
gente de la montaña, decirles que merecía la pena visitarla,
¡que les cambiaría la vida! La verdad era que su vida la cam-
biarían ellos mismos, pero obligarles a entrar o contarles lo
que ella había aprendido por el camino no tenía sentido, ¡no

la entenderían! Simplemente, no estaban listos para hacerlo. Y eso estaba bien, porque todo era perfecto, en realidad...

Todos estaban donde debían estar en cada momento y su camino era extremadamente personal, lo debían recorrer solos y sin influencia de nadie, y mucho menos de ella.

—Voy a la cabaña a escribir la séptima ley, ¿me esperas aquí? ¡Iremos juntas a buscar al oráculo!

Lynne sonrió y Brianne corrió hacia la cabaña de Charlie, quien observaba con atención las fotos que había hecho de todos los seres vivos de aquel lugar, incluidos insectos muy raros. Prefirió no preguntar para no distraerle. Saludó a Kundha con una sonrisa que esta, por primera vez, pareció devolverle, y sacó su pasaporte de la mochila. Al terminar de escribir la séptima ley de la montaña y levantar la vista, vio a Charlie a su lado con el sello.

SÉPTIMA LEY:

Toda creación tiene un tiempo de gestación y es resultado de la unión de lo masculino y lo femenino, que se buscan y se atraen para seguir existiendo. Ambos géneros están dentro de mí y de todo lo demás en forma de energía.

Yo soy

Después de coger sus cosas y despedirse de Charlie, Brianne salió a toda prisa de la cabaña en busca de Lynne, pero ya no estaba. ¿Desaparecía justo ahora? ¿Sin ni siquiera despedirse? ¡No podía creerlo! Miró a su alrededor, pero no vio nada, absolutamente nada salvo la cabaña de Charlie y el camino por el que había venido, que continuaba más allá y del que Brianne no conseguía ver el final.

Decidió seguirlo, ¿qué otra cosa podía hacer? A lo mejor Lynne había partido antes que ella para esperarla por sorpresa al final del camino junto al oráculo que, sin duda, estaría allí, ¿dónde si no?

Empezó a caminar con ganas, con la esperanza de hacer esa gran pregunta que tenía preparada desde hacía siete semanas. ¿O cuántas habían sido en realidad? Encontraría el oráculo, obtendría la respuesta, entregaría el bastón a quien le indicaran, se despediría de Lynne y le señalarían el camino a la salida, no sin antes pagar su entrada al precio que le dijera el oráculo. Volvería a casa renovada, reprogramada, consciente de la importancia de aquel viaje en su vida y con la firme determinación de hablar de la montaña a todo el mundo, ¡sobre todo a sus hijos! Ojalá no llegarán a los cuarenta y un años, como ella, sin conocerla.

Caminó bajo el sol, que a esa hora del día lucía intenso pero resultaba muy agradable. De hecho, sus rayos iluminaban con una luz muy especial que hacía resplandecer a Brianne: su pelo parecía más brillante, sus ojos más radiantes y su sonrisa más luminosa. Se sentía muy bien, y no dejó de andar. Tenía la sensación de no llegar a ningún lugar, pero eso no le impidió seguir avanzando, estaba segura de que antes o después llegaría donde tuviera que llegar. Lo importante era caminar, tal y como le había dicho Piotr. ¡Cuánta razón tenía! Ahora comprendía todo lo que le había explicado al entrar y de lo cual en su momento no había entendido ni una sola palabra: la relatividad del tiempo y el espacio en la montaña, la aceptación de todo lo que pudiera o no pasar... ¡ella misma lo creaba según ascendía! ¿Y qué sentido tendría no aceptar su propia creación?

Su camino era su propio espejo, no había ocurrido nada en la montaña que no fuera ella, su obra era su oportunidad de conocerse y transformarse. ¿No era aquello extraño? Su propia creación era su maestro, ¡su obra la trascendía!

Creador y creación estaban al mismo nivel, no existía dualidad porque lo uno era parte de lo otro, nada era verdadero sin su contrario, ¡todo era lo mismo!

En ese momento, Brianne entendió que todo era UNO y que ella y todo lo demás eran la misma cosa autocreada por sí misma. ¿Sería eso a lo que llamaban dios, ser supremo, energía divina, espíritu o conciencia cósmica? ¿Qué era aquello si no era amor puro o presencia universal?

Entonces, para su sorpresa, el camino terminó. Ya no había por dónde seguir y aún no había encontrado a Lynne ni al oráculo. ¿Acaso debía esperarlos allí? Había andado mucho, pero seguía en medio de aquella explanada que ahora se le antojaba infinita. ¿Qué podía hacer? Por un segundo pensó en dar la vuelta y volver por donde había venido, pero ya no había ni rastro del sendero que había seguido y continuar en cualquier dirección no le parecía recomendable, porque sabía que no llegaría a ningún lugar. Eso le había quedado claro.

Así que se sentó a pensar. ¿Y si se había quedado atrapada en la montaña y en realidad no había salida una vez que entrabas? Si todo aquello era su propia creación producto de su mente, que hubiera una salida o no solo dependía de ella, sin embargo ¡no la veía! Estaba desamparada en medio de la nada, ¿eso era todo lo que era capaz de imaginar en ese momento? ¿Y si estaba dormida o muerta sin actividad cerebral? Echaba de menos a Lynne. ¿Acaso no aparecería cuando la necesitara, como siempre? Brianne no sabía continuar, tampoco sabía cómo volver o cómo salir de la montaña. Se sentía más perdida que a su llegada a Apathia y, aun así, Lynne allí sí apareció. ¿Por qué aquí no?

Esperó y esperó. Horas, quizá días o una eternidad. Y de repente sintió un abandono y una soledad tan absoluta y profunda que se quedó inmóvil. Era incluso más intensa que la que sintió en Apathia, pero de algún modo la remitía a aquel lugar en el que todo empezó. El oscuro abismo del

desapego que se había instalado dentro de ella era tan do-
loroso e intolerable que tuvo necesidad de morir, de dejarse ir entregando su existencia allí mismo a la montaña. Sería el lugar ideal para hacerlo si la muerte realmente
existiera, pero ahora sabía que vida y muerte eran la misma
cosa, que todo era uno junto con ella y las siete leyes de la
montaña, que no existía nada pero a la vez existía todo.

De repente, Brianne cayó en la cuenta. ¡Lynne no existía! ¡Nunca había existido! Bueno, sí, pero solo en su mente. Había sido producto de su ego, su mente imaginaria y
emocional la había creado para satisfacer sus necesidades de
ayuda, compañía y seguridad, ¡incluso de orientación! Solo
el ego tenía necesidades porque tenía emociones y sentimientos, miedos e inseguridades. Por eso apareció Lynne en
su camino. Eso explicaba muchas cosas. Como que Lynne
no comiera o apareciera y desapareciera en el momento
justo solo cuando Brianne la necesitaba de verdad.

Brianne había creado una guía imaginaria, alguien que
la hacía sentir mejor porque aún no comprendía que no
necesitaba nada. Y en el momento en que dejó de necesitar, en el momento en que alcanzó el desapego y comprendió que todo era perfecto tal cual era, Lynne desapareció.

¿Y el oráculo? ¡No había ningún oráculo! En el fondo, ya lo sabía, lo intuía, su voz interior le decía que no
había más oráculo que ella misma, por eso Lynne jamás se
lo confirmó. Lynne era ella misma, la voz que a Brianne le
costaba escuchar y el oráculo era solo otra falacia de su
mente, la tabla de salvación a la que se aferraba buscando
respuestas que solo ella podía darse porque solo ella había creado las preguntas. Ambas, preguntas y respuestas,

eran lo mismo, las primeras se generaban a partir de las segundas y viceversa, algo que no había entendido hasta este momento. Eran solo los dos polos opuestos del conocimiento que, unidos, le habían dado toda la sabiduría que necesitaba.

Así que se levantó. Ya no esperaba nada ni a nadie, lo que buscaba ya la había encontrado a ella.

Brianne ya era su mejor versión, ¡siempre lo había sido! Cada peldaño que subía hacia su máxima potencialidad así lo confirmaba y ese era su único propósito.

Se reinventaba a cada paso, ella y todo lo que la rodeaba era su propia obra con infinitos finales y principios.

Ya podía irse de aquel lugar en el que siempre había estado sin saberlo. ¡Cuánta razón tenían los habitantes de Desiria al decirle que en realidad siempre perteneció a la montaña! Era solo ahora, al aplicar los siete principios juntos, que por fin había comprendido todo, absolutamente todo y a la vez nada, porque no había nada que comprender.

Así que se giró y se dirigió hacia la taquilla. Allí estaba de nuevo, al pie de la montaña, porque como era arriba era abajo, una cosa no era diferente de la otra sino parte de ella. Piotr le sonreía, y Brianne supo de inmediato que era a él a quien tenía que entregar el pasaporte y el bastón para poder salir. Caminó hacia la taquilla, contemplando feliz y serena el cartel que había en lo alto:

Satisfecho y orgulloso, Piotr introdujo la llave en la cerradura para accionar la barrera. Brianne sabía que no había ningún precio que pagar, porque la montaña no le había dado nada que ella no tuviera ya. Se disponía a salir por donde había entrado, sabiendo que lo que encontraría fuera era lo mismo que había dentro. La vuelta a la normalidad no la asustaba, porque el simple hecho de ser normal era parte de la divinidad y de lo extraordinario. Las dualidades se habían disuelto, lo habitual era milagroso y el milagro estaba en lo habitual.

A medida que se levantaba la barrera, Brianne visualizaba desde la más total quietud interior la posibilidad de una vida plena y llena de amor. Ser feliz, ahora y siempre, era sencillamente inevitable.

Con un último suspiro en el que sintió cómo la presencia universal entraba en su cuerpo para volver a salir al exhalar, atravesó la barrera. El tiempo se había detenido, los problemas y las preocupaciones no existían y era simplemente presente. No había temor, ni dolor, ni deseo, ni siquiera anticipación por lo que estaba por venir.

—Yo soy.

Brianne pronunció aquellas palabras y miró atrás sabiendo que era, en realidad, una mirada hacia delante, porque no había principio ni final.

Piotr aún sonreía y Kundha...

Kundha despertó.

Las siete leyes de la montaña

PRIMERA LEY – LEY DEL MENTALISMO

Todo es una creación mental. La realidad que veo es el resultado de mi propio pensamiento. Las cosas no son como son, sino como soy yo.

SEGUNDA LEY – LEY DEL RITMO

Todo se mueve como un péndulo y va a su propio ritmo, igual que yo. Hay periodos de avance y retroceso, de ascenso y descenso, de flujo y reflujo. Cada movimiento en un sentido compensa el movimiento contrario.

TERCERA LEY – LEY DEL ESPEJO
O LEY DE LA CORRESPONDENCIA

Todo lo que hay fuera es un reflejo de mi interior y, por tanto, puedo cambiar mi realidad externa cambiando yo, porque yo soy la causa de todo.

CUARTA LEY – LEY DE CAUSA Y EFECTO
O LEY DEL KARMA

Todo efecto tiene su causa y toda causa tiene su efecto. Cualquier resultado que obtenga es consecuencia de uno de mis pensamientos, acciones o intenciones previas.

QUINTA LEY – LEY DE LA POLARIDAD

Todo es dual, todo tiene un opuesto sin el cual no puede existir y con el cual forma la unidad. Para cambiar algo, solo debo modificar su polaridad yendo hacia su contrario.

SEXTA LEY – LEY DE LA VIBRACIÓN

Todo vibra y está en continuo movimiento. Las vibraciones semejantes se atraen; por tanto, para atraer algo debo vibrar en su misma frecuencia. No atraigo lo que quiero, atraigo lo que soy.

SÉPTIMA LEY – LEY DE GÉNERO
O LEY DE GENERACIÓN

Toda creación tiene un tiempo de gestación y es resultado de la unión de lo masculino y lo femenino, que se buscan y se atraen para seguir existiendo. Ambos géneros están dentro de mí y de todo lo demás en forma de energía.

Cuestionario

Querido lector:

Te invito a que respondas de manera sincera las siguientes preguntas antes de leer este libro y también después; así comprobarás de qué manera su lectura te ha transformado a ti y tu modo de ver la vida.

Marca con una × la casilla correspondiente y al final podrás verificar el resultado de tu cosmovisión. Si tienes dudas (no todo es blanco o negro), marca la que para ti sea más cierta.

	SÍ	**NO**

1. ¿Crees que tu vida y la de los demás está determinada en gran medida por la suerte, ya sea buena o mala? (Lugar de nacimiento, condición económica, sucesos inesperados…). ☐ ☐

2. ¿Consideras que la vida es injusta y que muchas personas no tienen lo que merecen? (Salud, dinero, amor…). ☐ ☐

3. ¿Crees que lo más inteligente es adaptarse a las circunstancias que te han tocado vivir? ☐ ☐

4. ¿Tienden a ocurrirte las mismas cosas una y otra vez sin que sepas por qué? (Siempre te engañan, siempre tienes jefes o trabajos malos, siempre sales perdiendo…). ☐ ☐

5. ¿Pareces estar predestinado a que te vaya mal y que, hagas lo que hagas, no conseguirás tener la vida que sueñas? (Nunca te ascienden, nunca te eligen en primer lugar, nunca te toca la lotería…). ☐ ☐

6. ¿Te irían mejor las cosas si algo externo cambiara? (El gobierno, tu jefe, tu pareja, la sociedad, tus amigos…). ☐ ☐

7. ¿Siempre acabas atrayendo al mismo tipo de gente, ya sean amigos o parejas? (Mentirosos, abusivos, interesados, aburridos, problemáticos, tóxicos…). ☐ ☐

8. ¿Intentas que algunas personas a tu alrededor se den cuenta de que tienen que cambiar, pero no lo consigues? (Amigos, familiares, pareja, compañeros de trabajo…). ☐ ☐

9. ¿Serías más feliz si tuvieras más dinero, un trabajo mejor o una pareja más adecuada? ☐ ☐

10. ¿Tienes la sensación de que lo bueno se acaba pronto y lo malo dura mucho? ☐ ☐

Resultado

Suma todas las respuestas afirmativas:

- **0-5:** ¡Enhorabuena! Sabes que todo lo que ocurre a tu alrededor depende de ti y es un reflejo de quien eres. Sigue utilizando tu poder para alcanzar tu mejor versión y la mejor vida que puedas imaginar cambiando lo que no te gusta desde dentro.

- **6-10:** Crees ser la víctima de todo lo que te ocurre y ves culpables de tus males por todas partes. Pareces estar resignado a vivir la vida que te ha tocado sin hacer nada para cambiarla porque no depende de ti. La mayoría de la gente vive en este estado, pero debes descubrir tu poder y ojalá este libro te ayude a hacerlo.

Agradecimientos

A la vida, por brindarme tantas vidas y todas ellas maravillosas.

A los doctores David R. Hawkins, Deepak Chopra, Joe Dispenza y muchos otros, por sus enseñanzas.

A Rómulo Tagliavacche Andreu, por el prólogo de este libro y por ser un referente espiritual para tantas personas.

Y muy en especial a Virginia R. Burgos, CEO de 8Belts y la generosidad hecha persona, que no solo me recomendó leer a Hawkins sino también asistir a los talleres de Rómulo. Sin ella, este libro no existiría.